テクノロジーをもたない会社の攻めのDX《デジタルトランスフォーメーション》

内《うち》山《やま》悟《さと》志《し》
Satoshi Uchiyama

Digital Transformation

CROSSMEDIA PUBLISHING

はじめに

デジタル技術を活用することによって飛躍的な成長を遂げる会社がある一方で、逆に世の中のデジタル化が進むなかでビジネスそのものが成立しなくなって危機に陥る会社もあります。世界中でデジタル化が急速に浸透する中、日本は1960年から1990年の高度成長期に形成された業界構造、事業形態、組織文化を温存し、停滞の30年を過ごしてきたことでデジタル後進国と言わざるをえない状況を生み出してしまいました。デジタル化する社会に適応した企業に転身できるかどうかが、これからの日本企業の生き残りを左右すると言っても過言ではありません。

さて、世の中では「デジタル化社会の到来」や「デジタルトランスフォーメーション（DX）」といった言葉が飛び交っていますが、「それはIT業界やネット企業の世界の話だ」「自社の業界とは無縁だ」と思っている企業経営者やビジネスパーソンが少なからず存在します。私は、IT業界の産業アナリストという仕事柄、経営者向けセミナーで講師をしたり、個別企業に対してＩＴ戦略へのアドバイスをしたりしていますが、多くの経営者がデジタル化の本質を理解していないと感じています。

本書を執筆しようと思ったきっかけは、日本経済がコロナショックから立ち上がり、元気を取り戻すためには、多くの企業がデジタル時代に適応した企業に生まれ変わることが不可欠だと思ったからです。そして、その中で重要な役割を担うのが、ＩＴ企業でもネット企業でもない、製造業、流通業、金融業などの事業会社であり、いわゆる非ＩＴ企業がデジタルシフトにおいて主役を演じなければならず、まさに攻めのＤＸを推し進めていかなければならないと考えたからでもあります。

本書では、非ＩＴ企業、非デジタル企業であるさまざまな業種の企業がデジタルを活用していくことによって飛躍的成長を遂げる可能性を示していきます。また、そのような企業の経営者がどのような考えを持ち、どのようにデジタル化を従業員と進めていくかという、非ＩＴ企業・非デジタル企業のＤＸのあり方や進め方を解説します。コロナショックによってリモートワークが推進され、図らずも働き方のデジタル化を強いられた企業も多いのではないでしょうか。しかし、ＤＸは単に書類をデジタル化したり、会議をＷｅｂで行ったりすることにとどまるものではありません。アフターコロナを見据え、経営そのものを、そして組織やビジネスをどのようにデジタルにシフトしていけばよいかについても示していきます。

DXに関しては、技術的に難解な説明は多数聞かれますが、本書では私たちの身近に起こっていることや、一般的な企業が直面している問題に目を向け、技術者でない方々にもわかりやすく解説することに心掛けました。本書は、日頃IT技術やネット社会に苦手意識を持っていたり、他人事と思っていたりする経営者やビジネスパーソンにこそ是非読んでもらいたいからです。また、そうした非IT企業の非IT人材がDXの本質と可能性を正しく理解し、それぞれが一歩を踏み出すことこそが、企業の変革を確実に前進させ、日本に元気を取り戻すことにつながると信じているからです。本書が、そのための指南書として少しでも役立つことを願っています。

テクノロジーをもたない会社の攻めのＤＸ　もくじ

第2章

テクノロジーを持たない会社でもDXは成功する

01 非ＩＴ企業にこそ飛躍的成長の可能性がある

顧客への提供価値をネットに乗せて届ける
サブスクリプションモデルで、提供形態を変える
時代に適応してビジネスモデルを変える
データやノウハウを持っていることが強みになる
自社データが売り物になる可能性もある

第3章 非ＩＴ企業にとってＤＸは何を意味するのか

第4章 デジタルを経営に取り入れるためには

第5章

DX実現に向けて社員を動かす

第1章

非ITこそDXを進めるべき理由

DXを「それはIT業界やネット企業の世界の話だ」「自社の業界とは無縁だ」と対岸の火事と捉える企業経営者が少なくありません。特に、製造業、流通業、金融業などのいわゆる非IT企業には多い傾向にあります。しかし、デジタルの波はあらゆる業界に押し寄せ、もはやその勢いを止めることも、逆行させることもできません。まずは、今起こっていること、そしてこれから起ころうとしていることに正面から向き合い、DXの本質と可能性を正しく理解しなければなりません。

01

Digital Transformation

押し寄せるデジタルの波動

世の中が大きく変わるとき

ビジネスを取り巻く環境が大きく変われば、破壊されて消滅する産業もあったり、新しい産業や市場が生み出されることもあります。

市場調査会社のインテージが新型コロナ禍の影響により売上金額が前年同期比と比べて売れた商品と売れなくなった商品を発表しました。まさに、緊急事態宣言下の4月13日から19日の1週間分のデータです。売れた商品の上位には、うがい薬、殺菌消毒剤、体温計、マスクなどの直接的なコロナ対策用品に加えて、バニラエッセンス、ホットケーキミックス、小麦粉、ホイップクリームなどのパンやスイーツを作るための材料、スパゲッティやパスタソースなどの自炊食材、居酒屋などの時短営業を受けてスピリッツ・リキュール類などがあがりました。一方、売れなくなった商品には、口紅やファンデーションなどの化粧品、ゴールデンウィークの長距離移動の減少による酔い止め薬や眠気防止剤、屋外での活動縮小によるスポーツドリンクや日焼け止めなどが上位にあがりました。

このように、世の中の環境や人々の生活様式が変わると、商品への需要動向は大きく変わります。このような現象、いわゆるビジネス環境の変化は、これまでも、そして今現在もさまざまな場面で起こっています。新型コロナウイルスは突然やってきましたが、何十年という月日のなかで、私たちが気づかないうちに、世の中が大きく変わっているということもあります。今振り返れば、鉄道や自動車が普及する前、人々は徒歩や馬車で移動していました。このような変化により、街の景色や人々の暮らしは変わり、無くなった職業もあれば、新たに生まれた仕事も多数あります。

私たちは今、まさにそのような時代の転換期にいるのです。人々は日々の暮らしの中で、世の中が少しずつ変わっていることに順応しながら生きているので見落としがちですが、10年前と今とでは明らかに違う世界に生きています。

人々の行動様式が変わるとき、無くなるものと生まれるものがある

今、起こっている大転換について、まずは身近な私たちの生活から考えてみましょう。2008年春に日本で初代iPhoneが発売されましたが、この十数年の間にスマートフォンは、一気に私たちの暮らしの中に入り込んできました。それまで、ガラケーと呼ばれる携帯電話はありましたし、家や職場の机の上にはインターネットにつながるパソコンが置かれていたかもしれません。しかし、スマートフォンは、その両方の機能を併せ持ち、いつでもどこでも持って歩ける最も身近な道具となり、必携品といえるほど生活に浸透しています。通勤電車の中で、スマートフォンで音楽を聴いたり、マンガを読んだりという光景もすっかり当たり前になりました。地図アプリでお店を探す、辞書を使わずにグーグルで検索する、写真を撮ってSNSに投稿するといった行動は、十数年前までは当たり前ではなかったのです。

ネットで買い物をしたり、出前を頼んだり、チケットを予約したりすることも、駅の改札をICカードやスマートフォンをかざして通ることも、コンビニでキャッシュレス決

済することも私たちの何気ない日常に溶け込んでいます。

人々の行動様式やライフスタイルが変わると、需要や市場のニーズも変わります。新たな需要を満たすために、企業は新しい商品やサービスを次々と開発します。ネット小売りのアマゾンやタクシー配車のウーバーといった企業や新しい業態が生まれることもあります。また、それによって新しい仕事や職種が生み出されます。もちろん、その間に道路地図や分厚い辞書が売れなくなったり、改札で切符を切る人の仕事がなくなったりしているというのも疑いようのない事実です。

社会がデジタル化するというのはどういうことか？

ちまたでは「デジタル化社会」や「デジタル時代の到来」といった言説が飛び交っていますが、それはいったい何を意味しているのでしょうか。それはすでに始まっているのですが、私たちの身の回りで見られる現象を例にとって3つの重要な流れに注目してみましょう（図1－1）。

1つ目は、「あらゆるデータがデジタル化されて捕捉できるようになる」ということです。

図1–1：社会のデジタル化を浸透させる3つの潮流

データ	あらゆるデータがデジタル化されて捕捉できるようになる	（例） ◎監視カメラの映像 ◎駅改札の入出場記録 ◎キャッシュレス決済の利用履歴
つながり	インターネットなどのネットワークによって人やモノがつながりを持つ	（例） ◎SNSでの人と人とつながり ◎Eコマースでの店とのつながり ◎IoTによるモノとのつながり
バーチャル	物理的な世界の他に仮想的な世界が存在しそれらを行き来できる	（例） ◎仮想通貨による取引 ◎仮想空間での旅行体験 ◎AI教師による授業

昨今、ニュース映像などで監視カメラやドライブレコーダーで記録された動画を見る機会が増えましたが、これは店舗や自動車に取り付けられたカメラの映像データがデジタル化され、保存されるようになったからです。私たちは今や、普段の生活の中でさまざまなデータを生み出しています。駅の改札を通る、ＥＴＣで高速道路のゲートを通過する、コンビニでスマホ決済するといった行動のたびにデータが生み出され、どこかに保存されています。

今後、生活者の衣・食・住、交友関係、健康状態、購買・移動などの行動にかかわる情報にとどまらず、気候、交通、災害などの社会環境にかかわる情報、企業における事業や業務にかかわる営みなど、あらゆる情報がデジタルデータとして捕捉できるようになります。データは、捕捉されてどこかに保存されるだけはありません。これらのデータは、分析や予測に活用されることで、利用者がより便利になったり、新しいサービスやビジネスが生まれたりして、現実の社会にフィードバックされることが重要なポイントです。

2つ目は、「インターネットなどのネットワークによって人やモノがつながりを持つ」ということです。人と人がつながるという体験もSNSの普及で広がってきました。何年もあっていない友人や、会ったこともない海外の人まで、どんな暮らしをしているのかを垣間見ることができます。

あらゆる行動や事象がデジタルデータ化されると、それをやり取りすることで新しい価値が生み出されます。それは、人と人のコミュニケーションかもしれませんし、商取引かもしれません。

たとえば、宅配便が届く日時をメッセージアプリで伝えてくれたり、遠く海外のインストラクターの映像を見ながらエクササイズすることも、一般的な消費者同士がフリマアプりでモノを売り買いすることもできます。また、こうした人と人、消費者と事業者とのつながりを活用して、企業のマーケティングや顧客との接点の作り方も変わってきています。さらに、IoT（モノのインターネット）によって、つながりの対象は一気に広がります。センサーを搭載したエアコンや自動車がネットに接続されるようになると、機器の故障を事前に予測できるかもしれませんし、河川の増水やビルへの不審者の侵入を知らせることで防災や防犯に役立つかもしれません。

そして3つ目は、「物理的な世界の他に仮想的な世界が存在し、それらを行き来できる」ことです。

いうまでもなく私たちは物理的な世界に生きています。しかし、デジタルデータがネットワークを通じて行き交うことで、仮想的な体験や価値という新しい概念が生み出されました。これまでは、実際に物理的な経験がある人しか、その体験を伝えることができませんでした。経済的な価値もお金という物理的なモノで交換されるのが当たり前でした。しかし、データとネットワークが作り出す仮想の空間がこれを変えようとしています。すでに仮想の空間で会議をしたり、教育を受けたりすることができるようになっていますし、仮想の通貨を支払うこともできます。物理的な世界に加えて、もう1つの仮想の世界で仕事や遊びが体験できるようになってきています。さらに、仮想空間の中の美術館や博物館に行ったり、遠隔地から医師の診療を受けたり、あらゆる場面に広がっています。CG（コンピュータグラフィック）が創り出した映像の中を旅行したり、AI（人工知能）教師の講義を受けたりすることも、もはや夢ではなくなっているのです。

既存の業界を破壊する新勢力の台頭

デジタル化の3つの大きな流れを上手く利用して、従来の業界に破壊的な打撃を与える存在が出現しています。このような新勢力の事業者は、ディスラプター（破壊者）と呼ばれていますが、特にデジタル技術を武器とするデジタルディスラプターは、これまでとまったく異なるビジネスモデルで従来の業界構造や商習慣に風穴を開け、既存企業の優位性を大きく揺るがす存在となっています。

米国のアナリストであるジェイムズ・マキヴェイ氏は、その著書『DIGITAL DISRUPTION ―― 破壊的イノベーションの次世代戦略』（実業之日本社）の中で、「デジタルディスラプターは、あらゆるところから現れ、デジタル・ツールやデジタル・プラットフォームを活用して顧客を奪い、業界にイノベーションを起こす」と述べています。

たとえば、民泊仲介サイトのエアビーアンドビー（Airbnb）は2020年2月の時点で、全世界191カ国で登録物件数が600万件を超え、通算の宿泊者数が延べ5億人に達したと発表しています。これはマリオットインターナショナルやヒルトン、インターコンチネンタルといったホテルチェーントップ5の合計総客室数を上回っており、世界最大の〝ホテル〟企業になったことを意味します。しかし、エアビーアンドビーは客室を1つも持っていません。自社では敷地や建物などの資産、フロント業務や清掃のための人員を抱えずにサービスを提供しているのです。従来のホテル業とは全く違うビジネスモデルなのに、宿泊したい人に宿を提供するという同様の価値を顧客に提供しているのです。

デジタルディスラプターは、これまでとまったく異なるビジネスモデルで、スピード感を持ってリスクを取ることを厭わずに襲い掛かります。既存企業が長年培ってきた成功体験や伝統・歴史を意味のないものにするだけでなく、これまで優位性を支えてきたものを足かせに変えることさえあります。駅前の一等地に店舗を構えている、全国に営業人員を1万人配置している、最高級の施設や設備を保有しているといった、これまでであれば優

図1−2：デジタルディスラプターの脅威

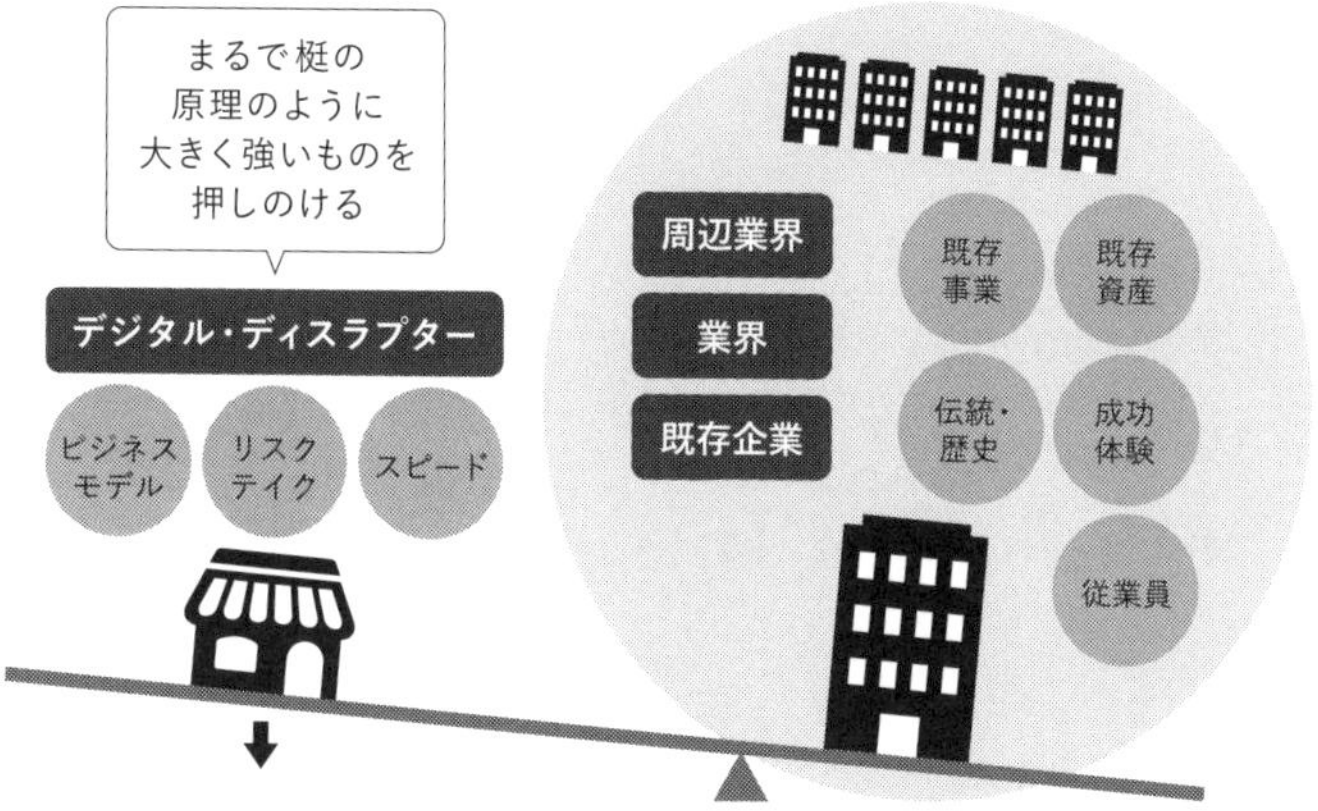

位性の源泉となっていた企業の資産が、デジタルディスラプターとの競争においてはお荷物となってしまうことさえあるのです。

また、デジタルディスラプターの脅威は、既存企業1社に襲い掛かるだけではなく業界全体や周辺の業界にも影響を及ぼします。たとえば、エアビーアンドビーは、ホテル業界だけでなく、従来のホテルと取引のあるリネンサプライ業者、清掃業者、警備会社、レストラン事業者、食材業者、旅行代理店、周辺の商業施設や飲食店など、さまざまな業界からもビジネスを奪う可能性があるのです（図1−2）。

米国では、ネットショッピングの台頭によって百貨店やショッピングモールの存在が脅かされる現象をアマゾンショックと呼んでおり、実際に閉店や倒産に追いやられるケースも増えています。不動産リサーチ会社であるクッシュマン・アンド・ウェイクフィールドの調査では、米国のショッピングモールの来客数は2010年から2013年の間に半減したと報告しています。ネットで商品を購入する前に実店舗に行き、現物を見て確かめる「ショールーミング現象」という消費行動が以前から問題視されていましたが、スマートフォンの普及によりこれに拍車がかかっています。実店舗で実際に商品を見て、説明を受け、触って確認したうえで、その場でスマートフォンを使って価格比較サイトから一番安いネットショップを見つけて購入するという行動は、今や珍しいことではありませんし、多くの消費者が経験済みなのではないでしょうか。これは、家電量販店や百貨店などの大型店舗が、交通の便が良い一等地に大きなビルを構え、商品知識豊富な従業員と陳列在庫を抱えて、ネットショップという敵に塩を送ってしまうことを意味します。こうした現象は、もはや対岸の火事ではありません。日本百貨店協会が発表する国内の百貨店売上高では、1991年のピーク（売上高は9兆7130億円）から2019年は41％減少し6兆円を割り込んでいるのです。

02
Digital Transformation

これからの企業に求められるDXとは

デジタルトランスフォーメーション（DX）の本質とは何か

デジタルディスラプターの台頭は、これまで述べたホテル業界や小売業界に限ったことではありません。製造業、金融業、運輸業などあらゆる業界で起こっており、それぞれの業界だけでなく社会や経済全体に大きな影響を及ぼしています。

このように、デジタル化することによって、社会や経済、さらに私たちの生活が大きく変わっていくこと、そしてそれに対応して自らを変容させていくことがDXの本質です。

IT企業は、自社の製品やサービスを売り込むために、DXをAI（人工知能）、5G（第5世代移動通信システム）、IoT（モノのインターネット）などの先進的な技術を活用することだと宣伝するかもしれませんが、それらは手段の選択肢の1つであり、大きな潮流の枝葉に過ぎません。

最初にDXの概念を提唱したのは、スウェーデンのウメオ大学のエリック・ストルターマン教授と言われています。2004年にそこで示された定義によるとDXとは、「ITの浸透が、人々の生活をあらゆる面でより良い方向に変化させる」ことと述べられています。しかし、この定義は非常に抽象的であり、世の中全般の大きな動きを示してはいるものの、具体的に何をすることなのかを理解することは困難です。

世の中全般の動向ではなく、企業が取り組むべきDXをより的確に表しているものとして、経済産業省が2018年12月に発表した「DX推進ガイドライン」の定義があります。それによるとDXとは、「企業がビジネス環境の激しい変化に対応し、データとデジタル技術を活用して、顧客や社会のニーズを基に、製品やサービス、ビジネスモデルを変革するとともに、業務そのものや、組織、プロセス、企業文化・風土を変革し、競争上の優位性を確立すること」としています。

この定義では「データとデジタル技術を活用して」とあるように、技術はあくまでも手段として位置づけられています。すなわち単に、AIやIoTなどの先進的なデジタル技術（Digital）を活用することが目的ではないということです。それによって「製品・

図1−3：DXの定義

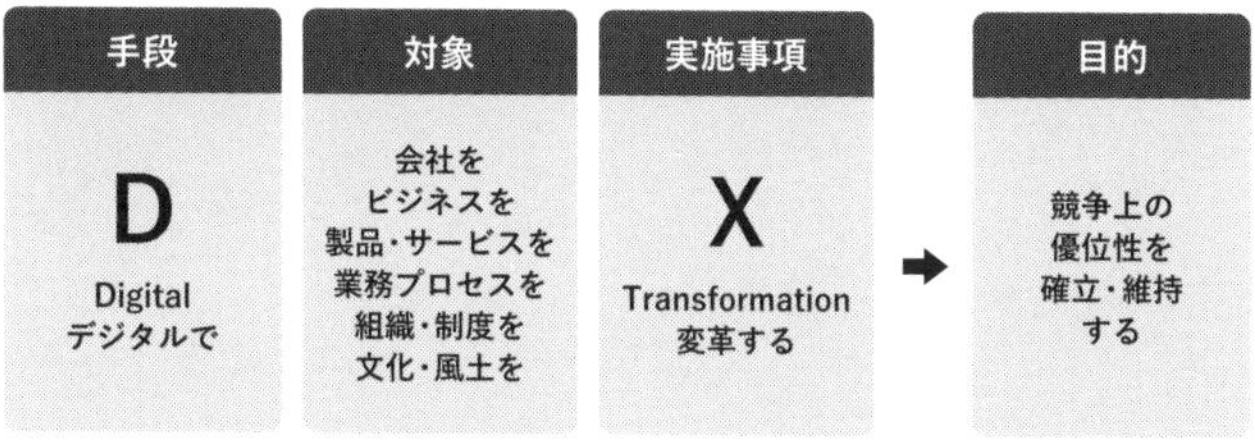

企業がビジネス環境の激しい変化に対応し、**データとデジタル技術を活用して**、顧客や社会のニーズを基に、**製品・サービス、ビジネスモデルを変革**するとともに、**業務そのものや、組織、プロセス、企業文化・風土を変革**し、競争上の優位性を確立すること。
（経済産業省「DX推進ガイドライン」、2018年12月）

サービスやビジネスモデルを変革する」ことにとどまらず、「業務そのものや、組織、プロセス、企業文化・風土」までも変革（Transformation）するとしており、その対象は、多岐にわたるものであり、企業そのものを大きく転換させる非常に広範な概念であるといえます（図1－3）。

　そして、「競争上の優位性を確立すること」が目的として示されていますが、いったん優位性を確立したらそれで終わりというものではありません。社会・経済・産業構造など企業を取り巻くあらゆる環境のデジタル化がさらに進展し、変化し続ける中、競争上の優位性を維持できるよう、変革をし続けなければなりません。少し極端かもしれませんが、言い換えれば、DXとはデジタル化社会に対応して、企業が丸ごと生まれ変わることを意味するといっても過言ではありません。

DXの本質も変わっていく

今後、社会のデジタル化がさらに進展していくにしたがって、DXの本質的な意味も変わっていくと考えられます。

現時点でデータやデジタル技術は手段と位置づけられていますが、デジタルは「手段」ではなく「前提」に変わります。社会や経済活動全体が高度にデジタル化され、あまねく浸透している世界が開けると、それに適応した企業に、まるごと生まれ変わることがDXの本質となっていくでしょう。ビジネスモデル、取引や顧客との接点、働き方や社内の業務プロセス、意思決定や組織運営の方法、組織カルチャーなどすべてが、デジタルを前提として組み立てられている企業が今後の目指す姿となります。すなわち、DXとは「企業をデジタル〝で〟変革する」のではなく「企業をデジタル〝に〟変革する」ことを意味します。たとえば、人と連絡を取る時、何かモノを買おうとする時、会社で経費精算を申請する時、顧客から支払いを受ける時など、何かをしようとした時に、まずはオンラインでできないかと考え、どうしてもできない事情がある時だけアナログな手段を使うということです。

また、これまでのDXの定義では「競争上の優位を確立すること」が目的とされていますが、これも変わってきます。つまり、同業他社やデジタルディスラプターと呼ばれる新規参入者を競合と見なして、他者との比較において競争優位を確立するのではなく、デジタルで新しい競争原理を創り出す時代となっていきます。すなわち、異なるゲームのルールを創り出すということです。また創り出した競争原理やゲームのルールも未来永劫有効というわけではないため、常に新たな価値創造に向けて攻め続けなければなりません。

デジタル化があまねく浸透した社会とは

デジタル化があまねく浸透した社会になると、経済システムや産業のあり方、個人のライフスタイル、企業が目指すべき存在価値など、あらゆる面で世界観が大きく変わること

図1–4：DXの先の世界観

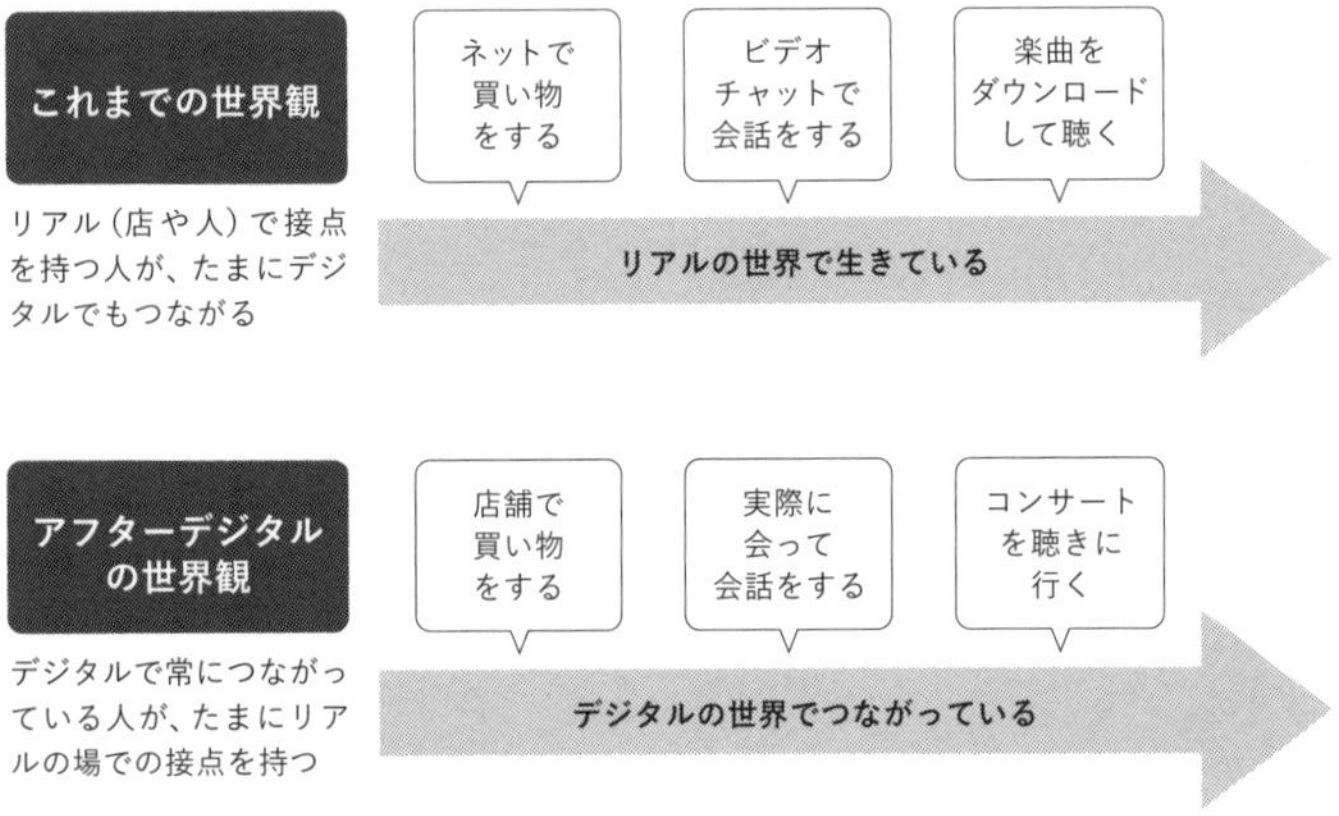
これまでの世界観
リアル（店や人）で接点を持つ人が、たまにデジタルでもつながる
ネットで買い物をする
ビデオチャットで会話をする
楽曲をダウンロードして聴く
リアルの世界で生きている
アフターデジタルの世界観
デジタルで常につながっている人が、たまにリアルの場での接点を持つ
店舗で買い物をする
実際に会って会話をする
コンサートを聴きに行く
デジタルの世界でつながっている

が想定されます。

これまでの世界観では、リアル（実店舗や対面）で接点を持つ人が、たまにデジタル（ＥコマースやＳＮＳ）でもつながるというのが一般的な考え方でした。

しかし、モバイルやIoTの浸透によってあらゆるデータが捕捉可能となると、リアルの世界がデジタル世界に包含されます。２０１９年に出版された『アフターデジタル』（藤井保文・尾原和啓著、日経ＢＰ社）では、このような世界観をアフターデジタルと呼んでおり、デジタルで常に接点があることを前提とし、リアルな接触はそのなかの特別な体験の一部となると説明しています。これは企業と顧客の接点のみを指すものではありません。バリューチェーンやエコシステム内の企業間の取引関係、生産活動を含む企業内の業務プロセス、人の移動や物流など、あらゆる社会的・経済的活動がデジタルでつながることを前提とし、リアルなやり取りや業務はそのつながりの一部となることを意味します（図1－4）。

これまでの世界観では、リアルな世界が中心となるので、資本主義市場経済が有効に機能し、大量生産大量消費を前提とした中央集中型で専有的な仕組みで生産、流通、輸送などが運営されてきました。そのため、規模の経済（スケールメリット）によって効率と生産性を高めることができ、提供者側の経営資源が大きいことが競争優位性の源泉となっていました。したがって、設備、販売網、従業員など多くの資産を抱えている方が、ビジネスで優位に立つことができました。

しかし、資本主義市場経済の最適化には限界が見えてきたことに加えて、デジタル技術の進展によって物理的な制約を排除した、新たな経済活動が可能となってきています。これから30年から40年の時を経て、物理から仮想へ、モノからサービスへ、所有から共有へ、

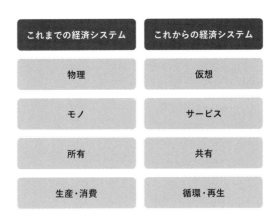

図1–5：経済システムのデジタルシフト

これまでの経済システム	これからの経済システム
物理	仮想
モノ	サービス
所有	共有
生産・消費	循環・再生

生産・消費から循環・再生へといったシフトがさまざまな分野で進み、オープンで分散型の限りなく費用がゼロに近い共有型の経済システムが形成されていくことが予想されます（図１－５）。

生産活動がゼロになるわけではありませんが、一度作ったものを再生・共有・再利用することで限界費用を大幅に低く抑えた経済活動が展開されるでしょう。消費者は、消費者であるとともに提供者にもなり得ますし、提供者と消費者の区分は不明瞭になっていきます。また、消費者側の規模の経済（スケールメリット）が重要となり、ネットワーク効果によってエコシステム参加者が多いほど提供価値が増大します。ネットワーク効果やエコシステムの重要性については後に詳しく説明しますが、これまでのように設備、販売網、従業員など多くの資産を抱えている方が有利であるという法則は崩れていく、それはデジタル技術やデータを基盤とした新たな社会システムや経済環境ができあがることを意味します。

今、世界的にＳＤＧｓ（Sustainable Development Goals：持続可能な開発目標）が注目されているのも、これまでの資本主義市場経済が衰退する前に、未来の目標となる新たな社会秩序や経済システムを求めているからでもあるのです。

03

Digital Transformation

デジタル化への対応が企業の存続を左右する時代

デジタルに追従できず取り残されるリスク

かつてグループ売上高3000億円の日本最大のアパレル企業だった老舗アパレル、レナウン（東証1部上場）が2020年5月15日、東京地裁から民事再生手続き開始の決定を受け経営破綻しました。レナウンは百貨店で展開する高級紳士・婦人衣料品の販売が主力であり、百貨店の売上が全体の7割を占めていたということです。新型コロナウイルス感染拡大で各地の百貨店が休業したことを受け、売上が急激に落ち込み、資金繰りが行き詰ったことから「初の大手コロナ倒産」と報道されましたが、コロナは最後の引き金に過ぎないと言われています。

レナウンは、1974年にアパレル業界初の1000億円企業となった業界トップ企業でしたが、1990年代初めのバブル崩壊以降、業績は一貫して下降線をたどっており、2010年に中国企業の傘下に入っていました。この親会社の関係会社への売掛金未回収などの問題も原因と言われていますが、百貨店への過度な依存によって電子商取引（EC）など販売チャネルの開拓が進まなかったことで、じりじりと企業体力を失っていったことが背景にあると考えられます。

ライバルの1つであるオンワードホールディングスの20年2月期のECの売上高は、前期比30・6％増の333億円であり、ECが全売上に占める比率は13％に達しており、百貨店離れを着実に進めています。一方、レナウンのECの割合は売上比3％ほどしかなく、競合に遠く及びません。ユニクロなどの大手アパレル企業では、物流倉庫に人工知能（AI）やロボティクス技術の導入を進めて効率性を高めていますが、レナウンはデジタル技術の導入でも後れを取っており、物流拠点の自動化が進まず、手作業での梱包や出荷が多く残っていたと言われています。

いうまでもなく、デジタル技術を活用したり、EC比率を高めたりすることだけが、業績回復の手段ではありませんが、消費者のライフスタイルや購買行動の変化に適応して、自らの提供価値やビジネスモデルを変容させられなければ、今後はそれが致命傷となるということです。

以前デジタルカメラの業界でも同様のことが起こりました。デジタルカメラの台頭によって銀塩写真フィルムの業界が消滅の危機を迎えた際に、この業界のグローバルリーダーであった米コダック社は破綻に追い込まれたのです。一方、富士フイルムは、高機能材料事業や医薬品、化粧品にも拡大したメディカル・ライフサイエンス事業へと軸足を移し、事業を多角化することで生き残りました。ビジネス環境の変化に適応して、自らを変容させ続けられる企業こそがデジタルの時代に生き残る企業といえるのではないでしょうか。

業界や企業規模によって差があるDXに対する意識

デジタル技術の活用やビジネス変革に対する意識や、先述のデジタルディスラプターの脅威に対する危機感は、企業の規模や所属する業界によって温度差があることは事実です。

筆者が所属するITリサーチ会社のITRが2020年6月に行った「DX成熟度調査」では、500社以上の企業に対してDXに対する取り組み状況やDXに向けた社内の環境整備の実態を調査しています。その中で、「デジタル技術の活用や企業変革に対する意識」に関する10問の設問への回答を企業規模別にスコア化しています（図1－6）。すべての項目において、企業規模が大きいほどスコアが高い傾向を示しており、経営者、事業部門、IT部門のあらゆるDX関係者がDXの重要性を認識しているという結果となっています。一方、中小企業においては、DXの重要性や可能性が認識されていないことを表しています。

業種業態によってもDXの意識には格差があります。特に、最終消費者を直接的な取引先とするB2C企業、最終製品（完成品）やサービスを、パートナーを経由して提供するB2B2C企業、完成品メーカーや企業顧客を主な取引先とするB2B企業といった取引対象のタイプによるビジネス形態によってDXの意識は異なります。

これは、デジタルディスラプターの台頭が目に見える形で進んでいるのかどうかということと深い関係があります。アマゾンのようなネット小売業の台頭が著しい百貨店などの小売業界では、売上の減少といった問題が現実となっているため、危機感が強い傾向にあります。一方、鉄鋼、繊維、化学などの素材製造業では、直接的なディスラプターが見え

図 1−6：企業規模によるDXへの意識の差

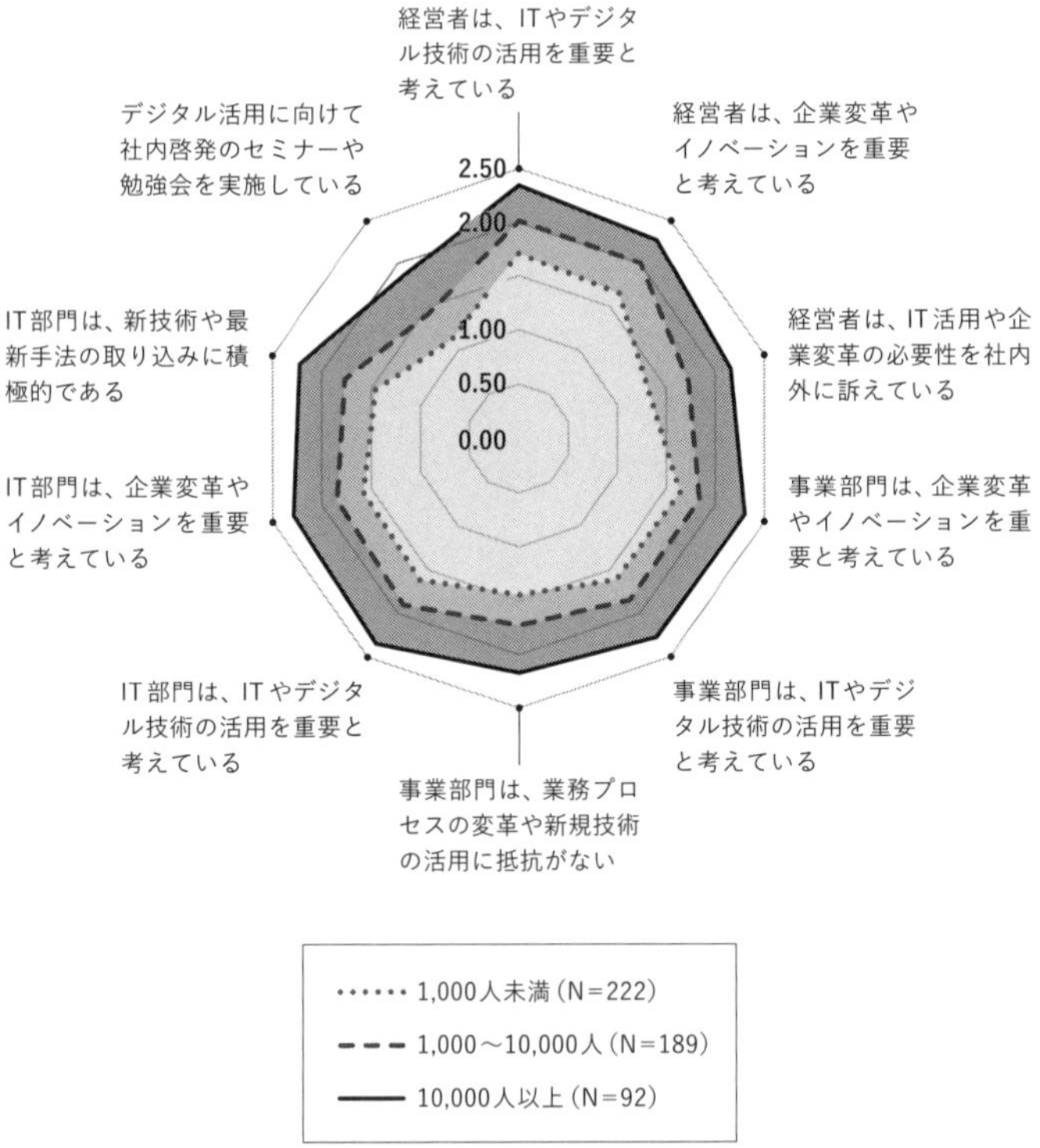
経営者は、ITやデジタル技術の活用を重要と考えている
経営者は、企業変革やイノベーションを重要と考えている
経営者は、IT活用や企業変革の必要性を社内外に訴えている
事業部門は、企業変革やイノベーションを重要と考えている
事業部門は、ITやデジタル技術の活用を重要と考えている
事業部門は、業務プロセスの変革や新規技術の活用に抵抗がない
IT部門は、ITやデジタル技術の活用を重要と考えている
IT部門は、企業変革やイノベーションを重要と考えている
IT部門は、新技術や最新手法の取り込みに積極的である
デジタル活用に向けて社内啓発のセミナーや勉強会を実施している
2.50
2.00
1.00
0.50
0.00
1,000人未満（N=222）
1,000〜10,000人（N=189）
10,000人以上（N=92）

出典：ITR「DX成熟度調査」（2020年6月、回答数：503）

にくいため、自社にとってのＤＸの意義や必要性を見出しにくいという声が聞かれます。しかし、Ｂ２Ｂ企業であっても顧客となる企業やその先の最終顧客の業界ではディスラプションが進行しているかもしれません。気がついたら顧客の業界そのものがなくなってしまったり、自社が顧客に提供している価値が不要になってしまったりしているかもしれないのです。デジタル化の流れに無関係な業界はもはやないと考えるべきです。

日本は、ＤＸにおいて周回遅れであることを自覚する必要がある

ＤＸへの取り組みにおいて、日本は他の国・地域から水をあけられていると言わざるを得ません。デジタル時代を牽引するグローバル大手企業やデジタルディスラプターの多くは米国発祥の企業ですし、シリコンバレーでは毎日のようにデジタル技術を駆使したベンチャー企業が生まれています。企業の栄枯盛衰が著しい米国では、アマゾンショックによって大手百貨店やかつてはカテゴリーキラーと呼ばれた専門小売業が続々と倒産に追いやられ、ウーバーの出現でタクシー業界は大きな打撃を受けています。しかし彼らは、こうした競争による淘汰を産業の新陳代謝として受け入れ、ゼロから新しい世界を作り直す

ことを厭いません。一方、経済成長とデジタルの波が同時に進行している中国・アジアなどの新興国は、何のしがらみもなくDXにまい進しています。

しかし、日本の企業は昭和の高度成長期の常識や資産を捨て去ったり、大きく転換したりすることなく平成の30年を過ごしてしまったために、既存事業の成功体験、旧来の組織制度や企業風土、老朽化し複雑化した既存システムを捨て去ることができず、重たい荷物を背負ったまま、これまでと異なる、身軽さが勝敗を左右する新しいルールの戦場で戦いに挑んでいるのです。

もう1つ、DXを阻害する重大な要因があります。それは、組織マネジメントの問題です。

デジタル化の潮流が叫ばれて以来、これに対応する方法やデジタル戦略論、対ディスラプター対策などに関する書籍は数多く出版されています。しかし、欧米の著名な学者やコンサルタントが執筆するDX戦略の要点は、経営トップのリーダーシップを問うものばかりです。すなわち、経営者が将来に対する慧眼と強力なリーダーシップを持って、トップダウンでDXを牽引することを前提としているのです。一方、日本国内でDXに関する講演を行った際に寄せられる質問の多くは「どうすれば経営者の意識を変えられるのでしょうか」というものです。トップダウン型のDXを断行できる企業は多くはないというのが日本企業の実態といえます。

デジタルディスラプターの第2の波動があらゆる業界に押し寄せる

デジタル技術やその活用を前提とした新たなビジネスモデルによって、既存企業の優位性や従来の業界構造を破壊するような現象をデジタルディスラプションと呼んでいますが、その最初の波は、主力の製品・サービスやその取引プロセスが容易にデジタル化される領域に押し寄せました。製品やサービスそのものがデジタルに置き換えられたハイテク業界および通信業界、ニュースや音楽などのコンテンツがデジタルメディアを介して提供されるようになったメディアおよびエンターテインメント業界、取引がオンライン化された小売業や金融サービスなどがその第1波の襲撃を受けました。

そして今、製品・サービスのみならず、ビジネスモデルやプロセス、バリューチェーンをも飲み込むビッグウェーブとなる第2波がB2B企業を含むあらゆる業界に押し寄せています。第2波の特徴は、従来のバリューチェーンを解体（アンバンドル）し、異なる組み合わせ（リバンドル）によって新たな生態系（エコシステム）を形成することで、これまでにない顧客価値や市場を創出することです。銀行業と小売業、通信業とヘルスケアなど業種を問わない融合が発生しており、プラットフォーマーと呼ばれるデジタル勢力が業界をまたいだ事業を展開し、従来の業種の境目を曖昧にしています。このビッグウェーブを回避することはもはやできません。

デジタル化の第1の波の多くは、デジタルネイティブ企業と呼ばれる新興企業によって巻き起こされたものです。小売業界にはアマゾン、メディア業界にはネットフリックス、タクシー業界にはウーバーといった具合です。しかし、第2の波動の主役はこうした新興勢力だけでなくなる可能性があります。特に、バリューチェーンをも飲み込むビッグウェーブとなれば、既存の大企業の出る幕が大いに浮上します。

これまではグループ企業、ケイレツ、サプライチェーンといった枠組みで企業が連携・協力してきましたが、今後は企業の大小、新旧、資本関係、業界を問わずダイナミックな組み合わせによって、新たな社会システムや業界構造が構築されていくと考えられます。

04

Digital Transformation

コロナ禍であらためて問われたDXの重要性

外出自粛でアフターデジタルを疑似体験

モバイルやIoTの浸透によってあらゆるデータが捕捉可能となり、リアルの世界がデジタルの世界に包含されるようになることを、「アフターデジタル」の世界観として紹介しました。この世界では、あらゆる社会的・経済的活動がデジタルで常に接点があることを前提とし、リアルな接触はそのなかの特別な体験の一部となると説明しました。

新型コロナウイルスの影響による外出自粛でバーチャルでの会議参加が通常のものとなり、実際に対面することは、特別な体験の一部となったことを経験した人も少なくないことでしょう。仕事だけでなく、コンサートやライブをオンラインで鑑賞したり、オンライン飲み会、オンライン帰省などを経験したりしたという人も多いと思います。これは多くのビジネスパーソンがアフターデジタルの世界観を疑似体験したことを意味します。

史上初の緊急事態宣言に伴い、政府はテレワークや出社制限を推奨しましたが、厚生労働省とＬＩＮＥが共同で２０２０年4月12日から4月13日に実施した調査によれば、テレワークをしている人は約27％とごくわずかにとどまったとのことです。従前から在宅勤務を推進していた企業は迅速に対応できましたが、慌ててＷｅｂ会議だけは導入した、あるいは結局ほとんど対応できなかったという企業も多く見られました。

確かに、店頭での接客、建設現場、工場の組み立て作業などテレワークが困難な業務は存在するため、全ての企業が全面的に対応することは困難でしょう。しかし、紙の請求書を作成して郵送しなければならない、契約書にハンコを押さなければならない、営業日報を社内独自のシステムに入力しなければならない、電話と対面しかコミュニケーションの手段がないなど、通常のオフィスワークがデジタル化されていないことにより全面的な在宅勤務に踏み切れなかった企業も少なくありません。

一方、これらの問題のほとんどは、すでに成熟した利用可能な技術といえる文書のデジタル化、インターネットやクラウドの活用などで解決できるものです。これには、システム化の問題だけでなく、報告や承認のプロセス、就業規則、人事評価制度などが整っていないことが阻害要因となった面もあり、ＤＸの環境整備が必要であることがあらためて問われました。すなわち、多くの企業がアフターデジタルの世界に対応できていなかったことが証明されたといえます。

この間、従業員の多くが在宅で通常とほぼ同様の仕事ができた企業もあれば、仕事の環境が整っていないためにやむなく自宅待機や特別有給で対応した企業もあります。両者で生産性や顧客対応力に大きな差が出たことは容易に想像できるでしょう。売上や利益にも影響を及ぼしたかもしれません。業種やビジネスモデルによって在宅勤務が可能な業務領域に違いがあるため一概に比較はできませんが、もし同業種においてこのような環境整備の違いがあれば、競争優位性の差は明らかといえます。

ビジネスモデルの違いも重要な要素といえます。たとえば、書籍や雑誌の出版を従来の紙媒体のみで行っていた場合と、電子書籍やＷｅｂ媒体での提供を行っていた場合とでは、売上に大きな差が出ることは明白です。また、年間契約制のサブスクリプションモデルに対応していれば売上が落ち込まなかったというケースも考えられます。実店舗を閉店しなければならなかった際に、顧客対応を店舗からネットにすぐに切り替えられる企業とそうでない企業とでは明らかにビジネス対応力が異なります。デジタル化への対応は、企業の存続を左右するといっても過言ではないということです。

ウィズコロナ、アフターコロナにおいて企業に求められる対応

さて、コロナウイルス収束後は、どのような未来が待ち構えているのでしょう。話をシンプルにするために、一旦コロナの影響を除いて考えてみると、世の中では現在、経済・産業における大きなデジタルシフトが進みつつあります。先に述べたように、これから30年から40年の時を経て、物理から仮想へ、モノからサービスへ、所有から共有へ、生産・消費から循環・再生へといったシフトがさまざまな分野で進み、オープンで分散型の限りなく費用がゼロに近い共有型の経済システムが形成されていく、これがコロナの影響を除いて考えた未来です。コロナ禍は、こうした社会・経済・産業のシフトを加速します。経済への甚大な打撃とそこからの再生、社会システムの崩壊と再構築の過程で、デジタルを前提とした世界への移行が急速に進むと考えられます。

経済への影響が甚大となることが予想されるアフターコロナにおいて、企業に最初に求

められるのは世界的な景気後退への対応ではないでしょうか。また、世界的に保護主義や生産の自国回帰への動きが強まり、グローバル戦略にも見直しが迫られる可能性があります。

しかし、その際ビフォアコロナの時と同じ事業を、同じ場所で、まったく同じビジネスモデルで、同じ業務プロセスによって遂行しようとしてはなりません。調達、生産、物流などの拠点や方法も、リスク回避と分散の観点から見直しが必要となり、それをダイナミックに変更できることが求められるかもしれません。すなわち、有事を含めたビジネス環境の変化に迅速に対応できるように、変化適応力の高いビジネスモデルや業務プロセスを再設計する必要があるということです。

雇用や働き方についてもビフォアコロナと同様に、フルタイムの従業員が毎日オフィスに出社して、集合会議を行い、口頭や紙の文書で指示や報告を行うようなスタイルに戻ってはなりません。バックオフィス業務や事業部門での管理系業務も、全てペーパーレスで、クラウド上で行えるように再構築しなければならないかもしれません。多様な働き方を受容できるよう、就業規則や人事評価制度を見直すことも求められるでしょう。

今後も感染症によるパンデミックに限らず、広域災害など企業活動に甚大な影響を及ぼすリスクはいつでも起こりうることを前提に、業務や働き方を設計しておかなければなりません。ＤＸは、企業の発展に寄与すると同時に、危機管理やリスク対策としても重要であることがあらためて確認されたのではないでしょうか。

05

Digital Transformation

ニューノーマルの時代を見据えたDX

コロナ禍による企業のDX推進への影響

史上初の緊急事態宣言は、解除された後も、第2波、第3波などの懸念もあり、経済活動の再開においては新型コロナウイルス感染症との共存を前提とした新しい日常への移行が求められています。また、リーマンショック以上とも言われる経済的な打撃にも立ち向かっていかなければなりません。

このような状況下で、ITRでは新型コロナウイルスの感染拡大が、企業のIT戦略にどのような影響をもたらすかについて、緊急事態宣言下の2020年4月24日から27日にかけて「コロナ禍の企業IT動向に関する影響調査」を行い、1370人から有効な回答を得ています。政府の4月7日の緊急事態宣言発令に伴う経済活動の自粛による、自社のＩＴ戦略の遂行（デジタル化の進展）への影響について、企業のＩＴ戦略は「大いに加速すると思う」が27％、「やや加速すると思う」が44％となり、合計で71％が加速する要因になると回答しています。これは、世界規模のパンデミックが企業に及ぼした影響が非常に大きく、企業活動のさまざまな分野で業務の停滞やビジネス上の問題を引き起こしたことに対して、ＩＴやデジタル技術の活用を進展させることで、何らかの問題解決やリスク回避のための施策を実行することが期待されているためと考えられます。すなわち、新型コロナウイルスによって企業活動におけるＩＴやデジタル化の重要性があらためて確認されたといえます。

緊急対策と今後注目されるＤＸ施策

同調査では、感染拡大に伴うＩＴ関連施策の実施状況について問うていますが、新型コロナウイルスの感染拡大を受けて緊急に実施した対策としては、「テレワーク制度の導入」を完了した企業（37％）が最も多く、次いで「リモートアクセス環境の新規・追加導入」「コミュニケーション・ツールの新規・追加導入」の順で続きました（図１－７）。こ

図1–7：緊急事態宣言下の企業の対策

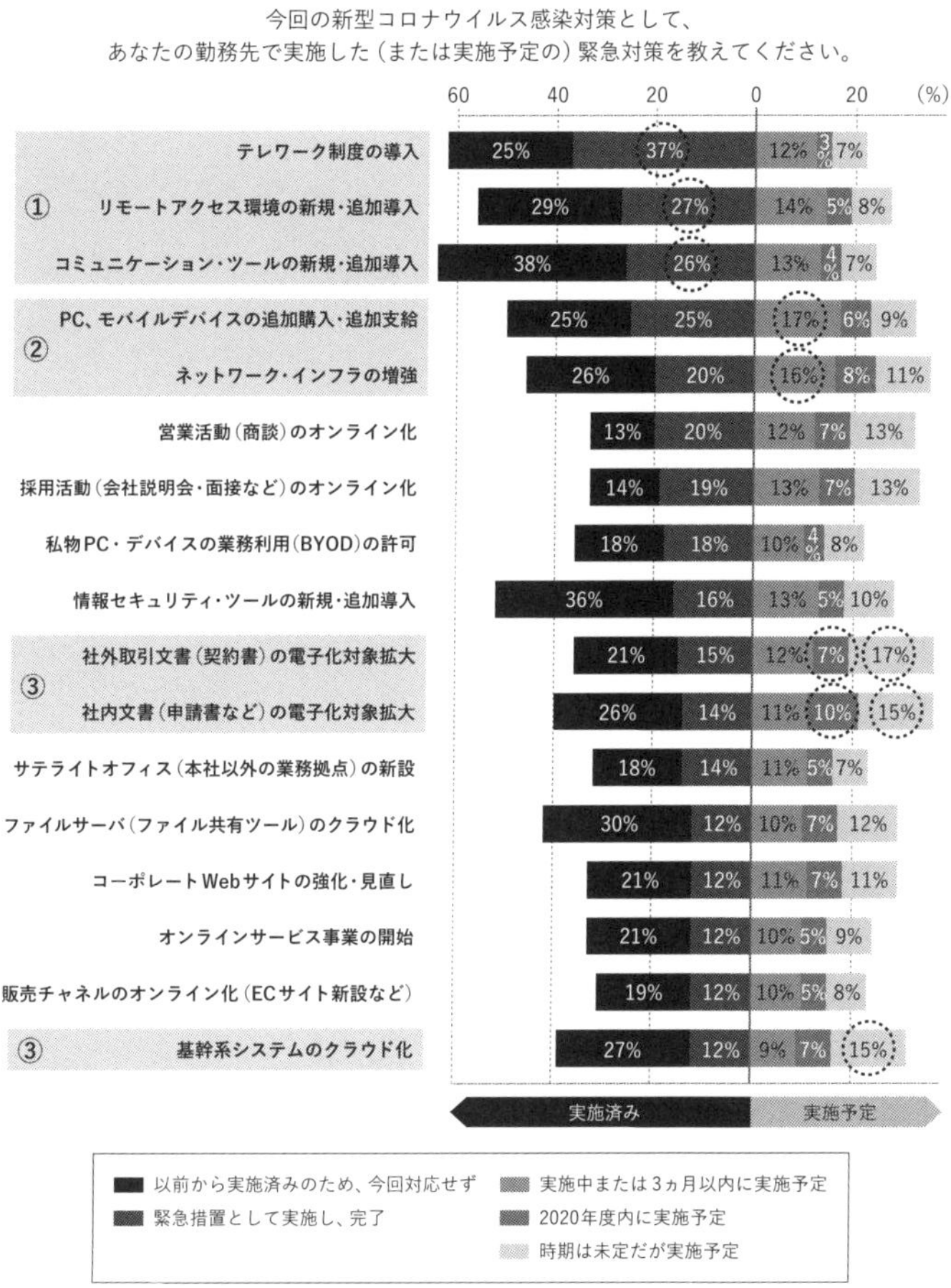
今回の新型コロナウイルス感染対策として、
あなたの勤務先で実施した（または実施予定の）緊急対策を教えてください。
60 40 20 0 20 (%)
①
テレワーク制度の導入 25% 37% 12% 3% 7%
リモートアクセス環境の新規・追加導入 29% 27% 14% 5% 8%
コミュニケーション・ツールの新規・追加導入 38% 26% 13% 4% 7%
②
PC、モバイルデバイスの追加購入・追加支給 25% 25% 17% 6% 9%
ネットワーク・インフラの増強 26% 20% 16% 8% 11%
営業活動（商談）のオンライン化 13% 20% 12% 7% 13%
採用活動（会社説明会・面接など）のオンライン化 14% 19% 13% 7% 13%
私物PC・デバイスの業務利用（BYOD）の許可 18% 18% 10% 4% 8%
情報セキュリティ・ツールの新規・追加導入 36% 16% 13% 5% 10%
③
社外取引文書（契約書）の電子化対象拡大 21% 15% 12% 7% 17%
社内文書（申請書など）の電子化対象拡大 26% 14% 11% 10% 15%
サテライトオフィス（本社以外の業務拠点）の新設 18% 14% 11% 5% 7%
ファイルサーバ（ファイル共有ツール）のクラウド化 30% 12% 10% 7% 12%
コーポレートWebサイトの強化・見直し 21% 12% 11% 7% 11%
オンラインサービス事業の開始 21% 12% 10% 5% 9%
販売チャネルのオンライン化（ECサイト新設など） 19% 12% 10% 5% 8%
③
基幹系システムのクラウド化 27% 12% 9% 7% 15%
実施済み
実施予定
以前から実施済みのため、今回対応せず
緊急措置として実施し、完了
実施中または3ヵ月以内に実施予定
2020年度内に実施予定
時期は未定だが実施予定

出典：ITR「コロナ禍の企業IT動向に関する影響調査」

れは、緊急事態宣言によるテレワークや出社制限に対応して、まずは多くの従業員が何らかのかたちで連絡が取れ、自宅でも何らかの業務が遂行できる最低限のＩＴ環境を急いで整えた企業が多いことを意味します。

一方、今後の計画については、短期的（３ヵ月以内）には「ＰＣ、モバイルデバイスの追加購入・追加支給」と「ネットワーク・インフラの増強」をあげた企業が多くなっています。テレワークを実施したものの、パソコンなどの機器が行き渡らなかったり、ネットワークの性能が十分でなかったりしたことから、快適なテレワーク環境を提供するにはこれらを増強する必要があると考えていることが明らかとなりました。また中長期的（３ヵ月以上先）には、社内文書（申請書など）および社外取引文書（契約書など）の電子化に取り組む企業が多い傾向も見られました。

今後は、「新しい日常」を築き上げていかなければならないといわれていますが、それは企業においても同様です。そのためには、次の課題として、テレワーク環境の充実に加えて、社内業務プロセスおよび社外との取引業務をデジタル化することで、在宅勤務でも通常業務を円滑かつ快適に遂行できる環境を提供することが重要と考えていることが確認されました。また、「２０２０年内に実施を予定」および「時期は未定だが実施予定」という回答において、前述の社内・社外の文書の電子化に次いで「基幹系システムのクラウド化」が多くあげられていることも注目されます。これは、少し先のアフターコロナを見据えた施策として、企業における「新しい日常」の業務基盤としてクラウドが期待されていることを意味しています。

ウィズコロナ／アフターコロナを見据えて取り組むべきDX施策

緊急事態宣言に伴い、政府はテレワークや出社制限を推奨しましたが、それに対する企業の対応とその影響はどのようなものであったのでしょうか。少なくともウィズコロナの段階においては、緊急事態宣言下（アンダーコロナ）で生じた問題を解決しておかなければ、第2波、第3波が起きた際にまた同じような問題に直面する懸念があります。まずは、働き方について考えてみましょう。外出自粛に伴うテレワークや出社制限に対する、企業の対応は概ね以下の4つのいずれかになると考えられます（店頭での接客、建設現場、工場作業などテレワークが困難な業務を除く）。

①テレワーク環境を整えられず、やむを得ず社員に出勤を強いた
②テレワーク環境を整えられず、自宅待機や特別有給で凌いだ
③Web会議など連絡手段を確保し、在宅で可能な業務だけを遂行させた
④在宅勤務でも通常とほぼ同様の仕事ができた

これらのうち④の「通常とほぼ同様の仕事ができた」以外の企業は、何らかの手を打たなくてはなりません。①および②のテレワーク環境が整えられなかった企業は、早急に対応を検討する必要があります。また、③の「Web会議など連絡手段だけを確保し、在宅で可能な業務だけを遂行させた」という企業は、テレワークができなかった業務を洗い出し、業務プロセスの見直しや代替の手段の準備を進めることが求められます。テレワークへの対応を単に非常時の業務継続性の問題だと捉えてはなりません。今後の少子高齢化に伴う労働力不足の観点からも、多様な働き方を許容することで優秀な人材を確保し、彼らが快適かつ有効に活躍できる就労環境を整備することは将来的な人材戦略としても重要です。

次に、業務・事業への影響について考えてみましょう。概ね以下の7つのうちの1つ、

またはいくつかが当てはまると考えられます。

①社内業務が一部滞った
②社外業務（受発注など）の一部が滞った
③顧客対応やサポートに不都合が生じた
④部品や資材の調達が困難なものがあった
⑤出荷や物流が停滞して、遅延などが生じた
⑥売上高が下がった
⑦業務にも事業にもほとんど影響がなかった

これについては⑦の「業務にも事業にもほとんど影響がなかった」以外の、1つまたは複数に当てはまった企業は何らかの手を打たなければなりません。①②③は業務プロセスの問題といえますので、社内、取引先との間、あるいは対顧客の業務プロセスの見直しが必要となります。④および⑤はサプライチェーンに関わる問題です。リスク分散や代替手段の検討が求められるでしょう。⑥の「売上高が下がった」というのは、ビジネスモデル

の問題の可能性があります。ネット活用やサブスクリプションモデルへの転換などを検討する余地があります。また、①から⑥までに共通していえることは、業務プロセスやビジネスモデルを変更して、企業としての「新しい日常」を築き上げるための施策を実施しようと思ったときに、即座に始められるかどうかが重要である点です。たとえば、従来の社内の業務システムが硬直化していて、変更や連携ができないといったことがあってはなりません。アンダーコロナ、ウィズコロナ、アフターコロナといった時間的な推移に応じて、ICTの活用やDXを推進し、パンデミックや災害への対応力のレベルアップを図り、企業の変化適応力のレベルを高めていくことが求められます(図1-8)。

新型コロナウイルスの影響により、社会のデジタル化は加速することが予想されます。そして、ビフォアコロナの頃と同じ、過去の地点に戻ることはありません。重要なポイントは、コロナ禍が終息した際に、元のアナログプロセスに戻ってしまうことがないようにDXを着実に進めることです。これからは、企業としても、働き方の新しい日常、業務の新しい日常、事業の新しい日常、業界の新しい日常、そして社会の新しい日常を創り上げていかなくてはなりません。ニューノーマルといわれる新しい世界を切り拓いていくために、DXの推進を止めてはならないのです。

図1–8：アフターコロナで求められるDX施策

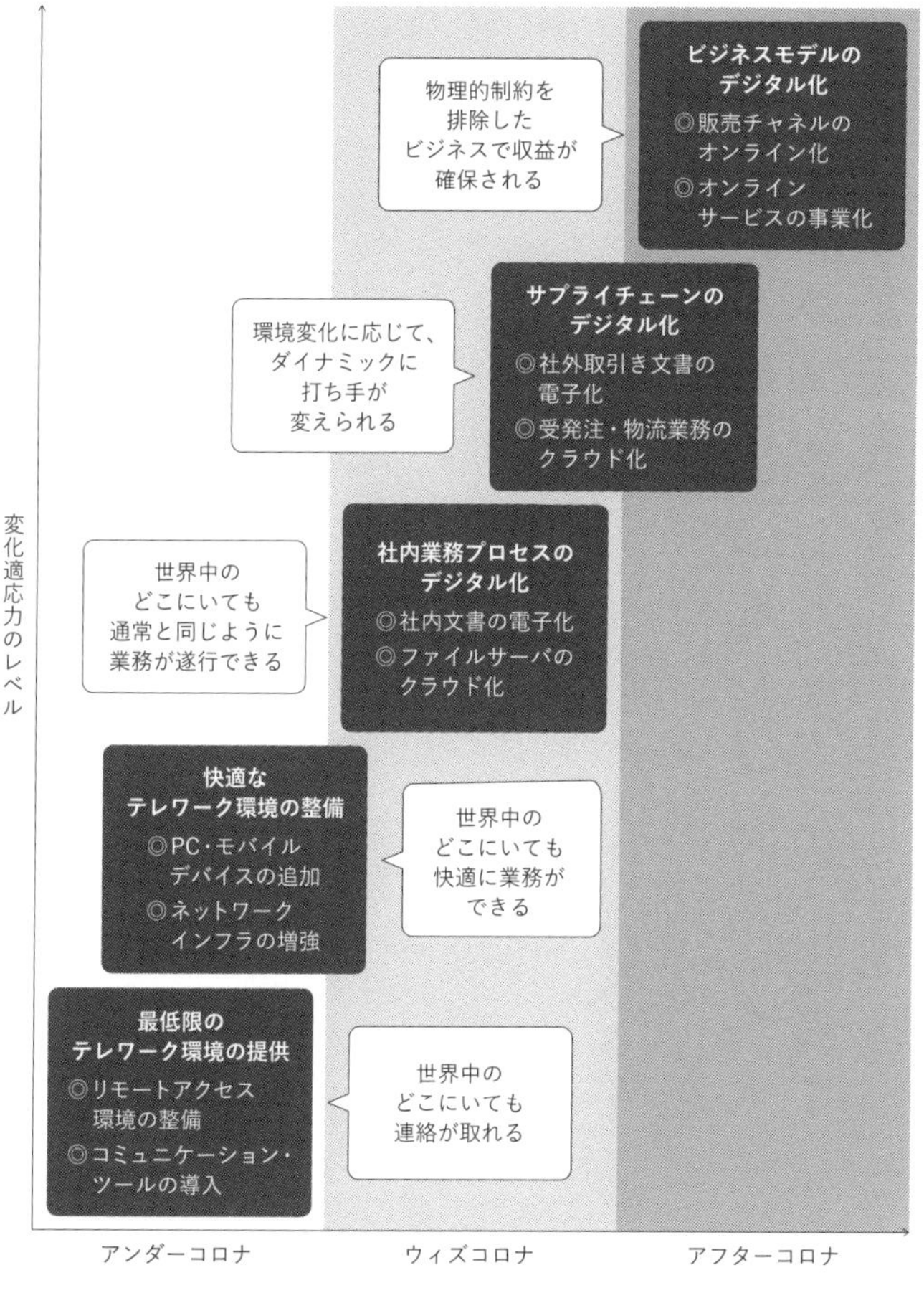
ビジネスモデルのデジタル化
◎販売チャネルのオンライン化
◎オンラインサービスの事業化
物理的制約を排除したビジネスで収益が確保される
サプライチェーンのデジタル化
◎社外取引き文書の電子化
◎受発注・物流業務のクラウド化
環境変化に応じて、ダイナミックに打ち手が変えられる
社内業務プロセスのデジタル化
◎社内文書の電子化
◎ファイルサーバのクラウド化
世界中のどこにいても通常と同じように業務が遂行できる
快適なテレワーク環境の整備
◎PC・モバイルデバイスの追加
◎ネットワークインフラの増強
世界中のどこにいても快適に業務ができる
最低限のテレワーク環境の提供
◎リモートアクセス環境の整備
◎コミュニケーション・ツールの導入
世界中のどこにいても連絡が取れる
変化適応力のレベル
アンダーコロナ
ウィズコロナ
アフターコロナ

第2章

テクノロジーを持たない会社でもDXは成功する

これからは、あらゆる業界のすべての企業がデジタルシフトを推し進めなければなりません。特に、非ＩＴ企業が攻めのＤＸの推進において主役を演じることで、社会や私たちの生活が大きく変わります。また企業にとって、そこには大きな市場が広がっており、それは絶好のビジネスチャンスでもあります。

01
Digital Transformation

非ＩＴ企業にこそ飛躍的成長の可能性がある

顧客への提供価値をネットに乗せて届ける

先述のエアビーアンドビーは、ホテルの建物もフロントや清掃のための従業員も抱えずに、既存のホテルと同様の「泊まりたい人に客室を提供する」という顧客価値を提供しています。つまり、自社では人件費や設備費などのコストを最小限に抑えつつ、宿泊者である顧客とホストと呼ばれる提供者をネットで結びつけることで同様の価値を提供しているといえます。

一般にこのようなビジネスモデルは、仲介サービスやマッチング・サービスと呼ばれます。これは、デジタル化の潮流の1つである「つながり」を活用したビジネスであり、ネットを通じて顧客への提供価値を届けたという見方もできます。このように、以前から存在していたビジネスであっても、ネットによるつながりを活用してビジネスモデルをデジタルに転換することができるということです。マッチング・サービスは、サービス提供者とサービス利用者に「つながり」を提供するもので、企業同士（B2B）、企業と消費者（B2C）、消費者同士（C2C）などの形態があります。需要側と供給側の双方の調整を行い、取引や販売の仲介を行います。

メルカリなどのフリマアプリは、売りたい人と買いたい人をつなぐ典型的なマッチング・サービスといえます。日本国内で、家事からペットの世話、掃除、料理、家具組み立てまであらゆる家庭のお困りごとに対して、ご近所さんにインターネットで気軽にお手伝いを依頼できるマッチング・サービスを提供するエニタイムズという企業があります。また、習い事探しのストリートアカデミーは、語学や資格の勉強、スポーツや料理などさまざまな分野の知識やスキルを教えたい人とそれを学びたい人をつなぐサービスを提供しています。

マッチング・サービス自体は、不動産仲介、職業紹介、結婚相談所など従来のビジネスとして存在していたものですが、情報をデジタル化し、ネットを介してやり取りすることで、探しやすさや閲覧性を向上させ、より幅広い顧客に高い利便性を提供することができ

図 2−1：マッチング・サービス

	デジタル以前のマッチング・サービス	デジタル以降のマッチング・サービス
B2B	展示会	商材・サービス・マッチング（WizBizなど）
	ビジネスマッチングイベント（中小企業取引振興協会など）	システム開発会社探し・比較サイト（発注ナビなど）
B2C	不動産仲介	不動産マッチング（すまいValueなど）
	人材紹介会社	求人・求職マッチング（WANTEDLYなど）
C2C	フリーマーケット	フリマアプリ（メルカリなど）
	家政婦紹介所	家事代行マッチング（タスカジなど）

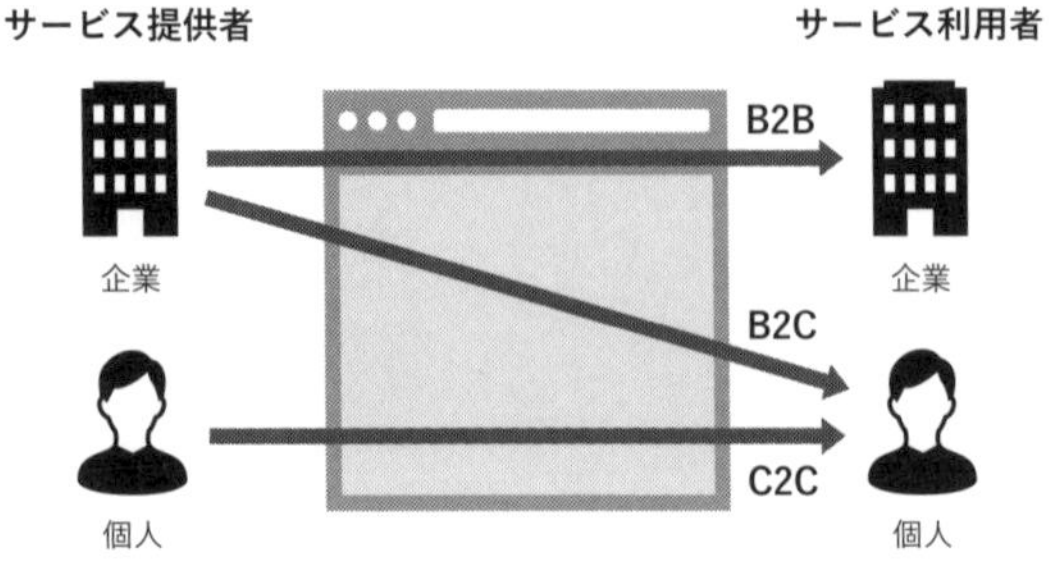

るようになっています（図2－1）。また、紹介手数料だけでなく登録料や広告料といったこれまでと異なる収益源から収益を得る事例もあります。

前出のエニタイムズのように、消費者同士（C2C）の領域でマッチングを実現するサービスは、これまで存在しなかった市場や業態を創出したといっても過言ではありません。不動産仲介や職業紹介を提供してきた従来の事業者も、インターネットを活用して検索性や比較しやすさを向上させたり、動画コンテンツを掲載して案内を充実させたりしています。

しかし、SNSの普及などによって消費者同士が容易につながり合うようになったことで、C2Cのマッチングの市場が生まれ、一般の消費者がサービス提供側に立つ場面が浮上しています。つまり、企業にとって消費者は「お客様」というだけでなく、ライバルになる場合もあることを意味します。特に、企業や消費者をつなげることを価値として提供してきた企業は、市場を奪われる可能性があると同時に、自らネットを活用することでビジネス領域や顧客層を広げることができる可能性も広がっていることを意味します。

サブスクリプションモデルで、提供形態を変える

モノ（商品）を作って売る、あるいはモノを仕入れて売るというビジネスは、長い歴史を持った事業形態です。従来の製造業や流通業（小売業、卸売業、商社など）は、こうした事業形態を中核に据えて成長してきたと言えます。基本的には、モノを売ったらそれで商取引は完結するという「売り切り型」のモデルが中心でした。大量生産大量消費が前提となる高度成長期には、この事業形態が隆盛を誇っていました。

しかし、経済が成熟し、顧客のライフスタイルが「所有」から「利用」へとシフトする時代において、これまでの前提が通用しにくくなる現象がさまざまな業界で見られるようになっています。モノを買って所有することが喜びでありステータスであるという考え方から、必要な時に利用できれば良いという考え方への移行も顕著になってきています。

これに対応するために、自社の商品を売り切り型で販売するのではなく、一定期間利用してもらうような契約形態が出てきており、サブスクリプションというモデルが注目されています。サブスクリプションとはもともと文書に添えられた書き込み（Sub+Script）を

図2−2：サブスクリプションモデル

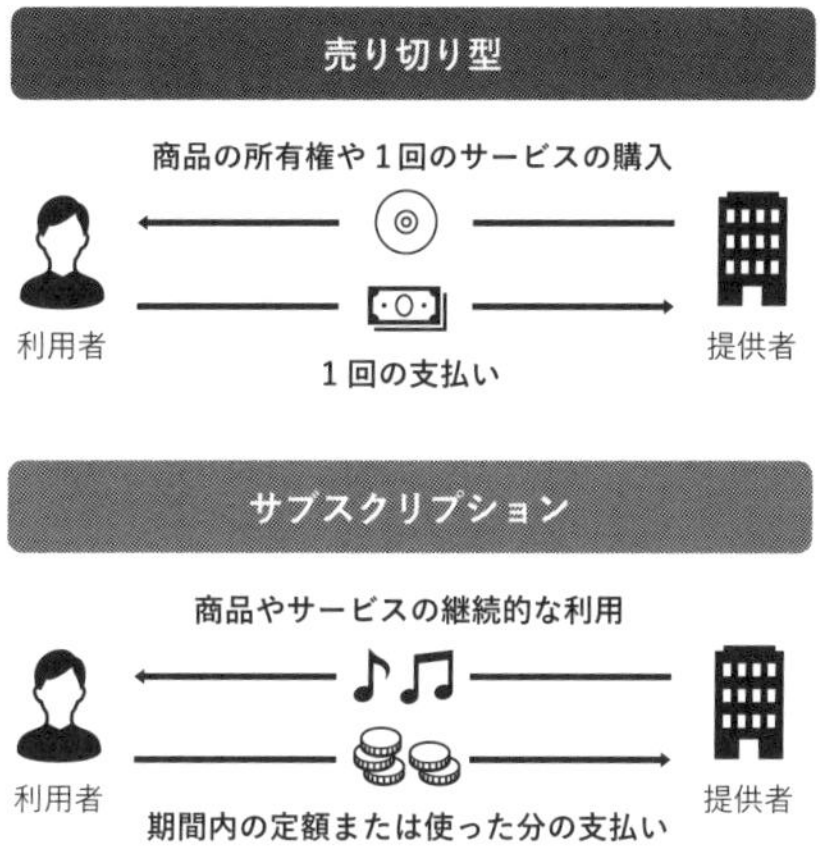

いい、当事者間の合意書に添えられる名前やメモを指していました。これが転じて、サービス内容についての契約や協定を意味するようになり、現在では「継続利用を前提としたサービス提供型のビジネスモデル」、すなわち定期利用、加入者契約、あるいは会員制といったサービスを指しています。新聞や雑誌の定期購読はもともとサブスクリプションの形態ですし、ネットフリックスやアマゾンプライムなどでは定額料金で見放題の動画配信サービスを提供しています（図2−2）。

トヨタ自動車は、トヨタおよびレク

サスの新車を任意保険料やメンテナンス料込みの月額利用料で利用できる定額サービス「ＫＩＮＴＯ」を提供しています。また、良品計画が展開する無印良品とイデー（ＩＤÉＥ）では、ソファーやベッドなどの家具・インテリア用品をレンタルできる月額定額サービスを２０２０年７月から開始しており、利用料金は月額８００円からで、期間は年単位の契約制で１年〜４年の間で選べるとしています。

このように、提供する商品そのものを変えるわけではないものの、その提供形態を変えることで顧客のライフスタイルや価値観の変化に対応しようとする動きも見られます。顧客側のメリットは、大きな初期費用が必要ないこと、必要な期間だけ利用できることなどがあげられます。

さらに、サブスクリプションは、事業者側にもいくつかのメリットをもたらします。その１つは収益の安定性が確保されることです。たとえば、新型コロナウイルスの影響で航空会社や観光地の旅館などは売上が激減するなどの大きな打撃を受けました。これは少し極論ではありますが、もし航空会社が年間20万円で国内乗り放題、旅館が月額３万円で泊まり放題といったサービスを以前から提供していたとしたら、一時的な売上の落ち込みを回避できたかもしれません。

そしてもう1つのメリットは、需要動向や利用状況が捕捉できるということです。従来の売り切り型の商品販売モデルでは、商品が売れたら顧客との関係がほぼ終わってしまい、次に買いに来てくれるのを待つしかありません。しかし、サブスクリプションは、顧客の継続利用を前提としていますし、特にネットワーク経由で利用状況が収集・分析できる場合は、高頻度で継続的な需要データの捕捉が可能となります。利用者が、頻繁に使っているのか、あまり利用しなくなっているのかもわかりますし、さらに上位のサービスを利用する可能性があるのかといったことを予測することもできます。利用者や顧客となった瞬間から関係構築が始まり、継続的な付き合いを通じてサービスを最適化し続けることで、ビジネスに成長をもたらすことも可能です。

ＩＴ業界では、ソフトウェアのライセンス（ソフトウェア使用許諾契約）やクラウドサービスのように、サブスクリプションに近いビジネスモデルが以前から取り入れられてきました。今後は、ＩＴ業界以外のあらゆる業界にこの動きが広がっていくでしょうし、それによって多くの企業に新たな収益源をもたらす可能性があると考えられます。

時代に適応してビジネスモデルを変える

サブスクリプションのように商品やサービスはこれまでと同じで提供形態を変えるというだけでなく、提供する商品やサービスそのものを変えたり、収益源を変えたりする、いわゆるビジネスモデルの変革もひとつの選択肢になります。

たとえば、1972年に「月刊ぴあ」を創刊した株式会社ぴあは、イベント／コンサートなどの情報を提供する出版社としてスタートしました。その頃は、コンサートや演劇の興行主が全国プレイガイドと呼ばれるチケット売り場に紙のチケットを配布して販売していました。インターネットがない時代ですので、どこでどのようなイベントが開催されるのかは新聞や雑誌の広告や劇場などで配られるチラシなどで知るしかありませんでした。そのため、各店舗でのチケットの売り切れや売れ残りが大きな問題となっていましたし、チケットを買い求める顧客は、空席を求めてあちこちのチケット売り場を探し回らなければなりませんでした。

ぴあは、ビデオテックスやインターネットなどのニューメディアの台頭を受けて、関西地区を皮切りに「チケットぴあ」の販売店網を展開し、オンデマンドでチケットを発行するチケット販売会社に転身しました。これに伴って、チケットの予約や空席のデータをオンライン化し、本部のデータベースに情報を一元化し、チケットぴあの店舗で注文に応じてプリンタでチケットを印刷するオンデマンド発券を実現したのです。今では、ネットで予約して、最寄りのコンビニや自宅でチケット受け取ったり、QRコードを発券してそのままスマホをかざして入場できたりといった新たな顧客体験を提供しています。もし、ぴあがイベント情報を掲載した情報誌を発行する出版社のままであったとしたら、スマホの時代に生き残れていたかどうかは容易に想像できます。

もう1つの事例として、セコムは、警備員を常駐配備するという形態から、ITの活用によりオンラインで警備するモデルに変革したことで知られています。今や当たり前となったホームセキュリティという事業の始まりを意味します。

同社は1966年に国内初のオンラインによる安全システムを開発し、情報通信を活用したビジネスとしては最も先駆的な企業のひとつといえます。最近では、ホームセキュリティやビル・セキュリティだけでなく、GPS（全地球測位システム）を活用した盗難車の発見、子供やお年寄りの捜索、屋外巡回監視ロボットなど、ITをさらに高度に活用したサービスを多数展開しています。また、同社はサービスや労働による役務は海外に輸出しにくいという概念をくつがえし、世界各国の363ヵ所に事業所を展開しています。セコムの事例は、安全に対する国民の認識の変化、ネットワークの発達という技術シーズ、そして労働集約型の警備業界の課題を組み合わせたビジネスモデル変革の事例といえます。

これらの事例から、いかに時代の潮流や顧客の価値観やライフスタイルの変化を先読みすることが重要であるかがわかるとともに、それを敏感に感じ取り、勇気をもって新しいビジネスにチャレンジした時に大きな可能性が広がっていることに気づかされるのではないでしょうか。

データやノウハウを持っていることが強みになる

ＩＴ企業やネット業界の企業ではなく、一般の企業、すなわち非ＩＴ企業がＤＸを推進する際に強みとなるのが、すでに展開している事業において長年蓄積したデータや独自のノウハウを持っているということです。

総合住宅設備機器メーカーのリクシル（ＬＩＸＩＬ）から分離独立した株式会社ケイエンジン（K-engine）は、リフォーム分野のクラウドサービスを提供していますが、これは親会社の強みを活かしたデジタルビジネス創出の好例といえます。

このサービスは、新築やリフォームのための家の図面データをクラウドにアップロードすると、見積りや工程表を瞬時に自動で作成してくれるというものです。これまでは、見積り作成だけで1週間ほどの時間がかかっていましたが、汎用ＣＡＤツールで作成した平面図面データをK-engineのクラウドにアップロードすれば、わずか数分で原価積算、施主向けの見積り、工程表、三次元図面などをアウトプットできるというサービスです。また、これまで家を建てたり、リフォームしたりする際には２５０枚あまりのＦＡＸによるやりとりが発生していましたが、オンラインで見積りができるようになり、紙のやりとりは一切必要なくなるということです。K-engineは、このサービスを月額最低５０００円で中小工務店・工事店・リフォーム店に展開しており、アナログ中心だった住宅建築業界を丸ごと変革しようと果敢に挑戦しています。

これは、ＬＩＸＩＬなどが３００万レコードに及ぶ建築資材・商品の仕様や価格に関するデータと積算見積りや工程作成に関するノウハウを持っていたからこそ実現できたビジネスモデルです。ＩＴ企業やネットベンチャーには真似できない本業におけるビジネス上の強みを活かした新規事業といえます。

食品大手の日清食品ホールディングスは、ＪＲ東日本と協力して、ＩＣカード乗車券Ｓｕｉｃａの利用履歴データを活用した経費精算サービスを開発し、これを他の企業に販売するという新規事業を立ち上げています。日清食品は、Ｓｕｉｃａのデータベースから、交通費にまつわる「利用日時」「経路」「利用金額」のデータを抽出し、ＳｕｉｃａとＥＸコーポレートカードの両データを重複せず適切に処理する同社グループ独自のシステムを構築しました。当初は、日清食品グループ独自のシステムでしたが、他企業への活用もカスタマイズで十分可能として、ＪＲ東日本では本格サービスに乗り出すこととし、いくつかの企業が同システムの導入を決めています。

クラウドサービスで世界的に先頭に立っているアマゾンのＡＷＳ（Amazon Web Service）は、もともとはAmazon.comのＥコマースサイトでの大量の取り引きを処理するために自社のシステム基盤として構築されたものです。アマゾンはその自社基盤をいち早く外販し、今では世界中の企業がそれぞれのクラウド基盤として有償で利用しています。

昨今では、こうした考え方をオープン＆クローズ戦略と呼び、自社が保有する重要なノウハウやコア技術とそうでないものとに分けて、前者については秘匿（クローズ）し、後者に対しては他に提供（オープン）することを組み合わせる戦略として注目されています。

今後、多くの企業でＤＸが推進されることで、それぞれの企業の経営資産であるデータやソフトウェアといった「デジタル資産」が数多く生み出されることでしょう。従来型のビジネスを行ってきた企業では、本業となる事業においては特許や著作権を活かして巧みに利益を生み出してきたかもしれませんが、新たに創出されるデータやソフトウェアについては、儲けるための仕掛けがなかったり、不十分であったりすることが多いのではないでしょうか。

これまでは、自社向けに開発したシステムや、事業遂行の過程で得られたデータは自社だけで使うものというのが常識でした。ましてや本業を支えているシステムやデータを他社に提供することには大きな抵抗があったのも事実です。もちろん、差別化や優位性の源泉となっている部分はしっかりと保護する必要はありますが、そうでない部分についてはサービス化して事業として推進していくことも視野に入れるべきです。そうすることで、新たなビジネスの創出や、他社を巻き込んだ協業によるビジネスチャンスをつかむ可能性が広がります。

自社データが売り物になる可能性もある

デジタル化されたデータそのものが自社だけでなく、他社や他業種の企業にとって価値があることもあります。データを自社ビジネスの優位性向上のために活用するだけでなく、データやその分析結果を有償で販売するというビジネスモデルにも注目が集まっています。付加価値のあるデータを有償で提供することは、出版社や新聞社、帝国データバンクのような企業情報データベース事業者などが従来から行っていたビジネスモデルです。地域気象情報や株価に影響を及ぼす企業情報などは、希少性や有益性が高いため、以前から有償で販売されていました。昨今では、さらに高度なデータ分析を行ったり、ネットやソーシャルによるつながりとデータの再利用性を活かしたりした新たなビジネスが多数登場しています。

一般の企業が、従来の事業を展開する過程で、自社内に蓄積されるデータや独自に収集したデータを、他社に有償で提供することもあるでしょう。また、新規のビジネスを展開する際に、そこに蓄積されたデータを他のビジネス用途で活用するといったことは、今後さらに活発に行われると考えられます。自社にとっては有用でないと思われていたデータが、取引先や異業種の企業にとっては非常に有益であり、お金を支払ってでも手に入れたいと考えるかもしれません。たとえば、自動車や電気機器などの最終製品のメーカーの生産計画データは、そこに部品や素材を納入するメーカーにとっては需要動向がわかる重要なデータです。また、鉄道会社やバス会社が保有する曜日別や時間帯別の乗降者数に関するデータは、沿線の店舗にとっては繁忙を左右する需要なデータとなるはずです。

もちろん、自社固有の機密情報や顧客の個人情報などの取り扱いには気を配らなくてはなりません。データに関しても先述のオープン&クローズ戦略の考え方を適用し、自社が保有する重要なノウハウや顧客に関するデータとそうでないものとに分けて、前者については秘匿（クローズ）し、後者に対しては他に提供（オープン）することもできるでしょう。顧客に関するデータであっても、個人が特定できないように加工した統計的データやトレンド情報は有償で販売することができるかもしれません。

02

Digital Transformation

DXに果敢にチャレンジする非IT企業

製造業からサービス業への転換を図る小松製作所

DXの先駆者として著名な建設機械製造大手の小松製作所（コマツ）には、DXの概念もIoTという言葉も存在していなかった1990年代から情報通信技術（ICT）を活用してビジネス変革を推進してきた長い歴史があります。

まず、同社にとってデジタルビジネスの先鞭をつける役割を果たしたのが、2001年から他社に先駆けて標準装備したコムトラックス（KOMTRAX）です。これは、車両内ネットワークから集められた情報やGPSにより取得された位置情報を利用者や販売代理店に無償提供することで顧客満足度を向上させ、本業における競争優位性を獲得した取り組みです。

この取り組みにより、自社製品の顧客や販売パートナーに有益な情報を提供し、共存共栄が図られ、同社の製品に対するロイヤリティが高まったといえます。ただし、その範囲は従来の取引関係内に限定されており、建設機器の製造販売という本業の競争優位性を高めるにとどまっていました。

これに対して、コマツが次の一手として2015年2月から開始したのがスマートコンストラクションという次世代型の建設現場向けのICTソリューションです。これは、コムトラックスが実現した建設機械の見える化を超えて、施工工程全体の見える化を実現したものです。スマートコンストラクションの中核をなすのが、スマートコンストラクションクラウドというサービスであり、コマツの主要な顧客である建設・土木会社の工事受注から、設計、施工、アフターサービスにいたる全工程のプロセスを支援し、情報を一元的に管理するプラットフォームとなるものです。ステレオカメラを建機に搭載するなどして、他社の建機や手作業の結果もデータ化して一元管理することもできます。

コマツはスマートコンストラクションによって建設機械を製造販売するという製造業のビジネスモデルから、顧客の問題を解決するプラットフォームとそれに付帯するサービスを提供するサービス業へと転換を図っています。また、顧客の労働力不足などの課題を解決し、業務プロセスに深く入り込むことで建設・土木会社への影響力を強めています。

コマツは、今では建設現場のあらゆる情報をICTでつなぎ、安全で生産性の高い現場を実現するとともに、蓄積されたデータを社会インフラの整備や災害復旧にも役立てようとしています。

逆転の発想をデジタルで可能にするトラスコ中山

1959年に大阪市で創業したトラスコ中山株式会社は、工具や屋外作業現場用機具などの卸売りを行う老舗企業です。同社は、プロ向けのツール（工場や建設現場といったモノづくりの現場でプロに必要とされる工具、作業用品、消耗品等）を国内外2500社以上の仕入先から仕入れ、機械工具商やネット通販企業、ホームセンターなどの5600社に及ぶ顧客に販売する専門商社であり、プロ向けツールを日本中のモノづくり現場へ、早くスムーズに安定して届けることを使命としています。

このように紹介すると、一見デジタルとは無関係の企業のように感じるかもしれません。同社は以前からIT投資に積極的に取り組んでいましたが、最近では2017年から

2020年にかけて、DXを中心に置いたプロジェクトを次々と展開しており、システムだけでなく、業務やビジネスそのものの在り方を根底から見直し、取引先を含む全サプライチェーンの変革に挑んでいます。

同社では39万アイテムのプロツールの在庫を持っており、顧客からの「今すぐ欲しい」に応える物流システムを構築しています。全国を網羅する物流センターでは人工知能やロボティクス技術を駆使した高効率出荷・高密度収納を実現する最新鋭の物流システムや、商品ごとの売上に応じた適切な在庫数を持つように管理する在庫管理システムなどさまざまなITやデジタル技術が活用されています。

また、自社内に在庫を持つだけでなく、顧客の工場内の生産現場や建設現場に隣接したロケーションに「MROストッカー」と呼ぶ工具棚を設置し、現場でよく使用されるプロツールを取り揃えて「置き薬」の仕組みのように、顧客が使用した分だけの料金が発生するサービスを展開しています。さらに顧客の購買状況のデータを分析し、今すぐ欲しいと思うものが置いてあるよう、常に在庫を見直しています。これはサブスクリプションの形態ではありませんが、顧客が欲しい時に、必要な分だけすぐに使えるようにするという点では同様の価値を提供していると言えます。

同社は「中山式在庫の方程式」という非常にユニークなコンセプトをもとにビジネスを展開しています。一般的には、「過分な在庫は悪」とされ、売れない在庫は置かない、在庫回転率を重視し、必要最低限の在庫に抑えるというのが製造業、流通業の常識といわれています。一方、トラスコ中山は「在庫は成長のエネルギー」と考え、顧客の利便性向上のために在庫が必要という信念のもと、逆転の発想で在庫を拡充し、即納体制を強化しています。このユニークなビジネスモデルを実現するためには徹底したＩＴの活用が不可欠であり、裏を返せばＩＴやデジタル技術の裏付けがあるからこそ、同社の逆張り戦略ともいえる優位性が実現されているといえます。

強みを持ち寄った協業でＤＸを進める応用地質

応用地質株式会社は、１９５７年に設立された国内最大手の地質調査会社です。同社は、地質学、土木工学、水理学、環境工学など地球科学全般に関する専門的な知識をもとに、大地や地下水の性質、自然現象や災害現象実態などの調査・分析を行い、社会インフラの保守・保全、防災・減災、環境問題対策、資源・エネルギー問題などの社会課題の解決を事業の柱としています。同社の本業である地質コンサルティングの分野においても、地盤の三次元可視化、人工知能を活用した災害危険箇所の特定、土質・岩石試験や岩盤の透水試験におけるデータ処理などあらゆる場面でＩＴを活用しています。しかし、こうした本業でのＩＴ活用にとどまらず、他社との協業を積極的に推し進めることでＤＸに取り組んでいます。

同社は、２０１９年にトヨタ自動車とＫＤＤＩとの協業により、ＩｏＴおよびビッグデータ分析を活用した「自治体向け災害対策情報提供システム」の提供を発表しました。これは、応用地質が提供する各種防災モニタリング情報に加えて、ＫＤＤＩの人口動態データやトヨタ自動車の車両から得られる走行データ、気象庁などが提供する気象情報などを地図上に統合して、自治体が災害時に必要とする地域の情報を提供するものです。自然災害に対し、事前防災、発災時のタイムリーな避難判断や通行規制、発災後の救援物資の適切な配分など、自治体の防災対策を強力に支援することが期待されています。

また、日立製作所と共同で「管路地下埋設物情報提供サービス」を提供しようとしています。昨今、都市の再開発や無電柱化対策など地下空間の利活用が積極的に行われていますが、道路下の地下空間には水道管、ガス管、下水道管、電気・通信線などさまざまな埋設管が存在しています。しかし、それらの管理は個々の事業者で行われていることに加え、古い配管などは正確な位置が図面等に残っていない、またはその位置情報に誤りがあるということも珍しくなく、工事を行う際には大きな支障となっています。そこで両者が共同で、地中の埋設物を三次元で抽出する電磁波レーダ探査機器を開発し、膨大なレーダ画像、カメラ画像データからＡＩ解析技術を用いて埋設管の判別処理を行い、位置情報と属性情報を加えた三次元マップシステムを構築しています。

応用地質は、地質調査や建設・土木分野のコンサルティングでは業界をリードしてきました、高度成長期の社会インフラの整備に貢献することで成長してきた企業です。しかし、建設投資型の公共事業が縮小し、また社会情勢が急激に変化していく中で、目指すべきビジョンを見直し、過去の成功体験からの脱却と、事業スタイルの転換に取り組んでいます。２０１８年からスタートした中期経営計画では、ＩＣＴのさらなる活用による新サービスの創出やグループ内外の企業との連携・共同開発を重要戦略として掲げています。同社のように、特徴的な専門領域を持った企業では、自前主義にこだわることなく、さまざまな得意分野を持った企業と協業することにより、各社単独では実現できない新規性の高い事業やサービスが生み出される可能性が高まると考えられます。

03

Digital Transformation

非ＩＴ企業がＤＸを成功させるカギとは

先進テクノロジーにこだわる必要はない

ＤＸとは、ＡＩ、５Ｇ、ＩｏＴなどの先進的な技術を活用することだと思っているかもしれませんが、それは間違いです。第１章でも述べたように、「競争上の優位性を確立すること」が目的であり、「データとデジタル技術を活用」することはあくまでもそのための手段です。

また、社会のデジタル化がさらに進展していくと、デジタルは「手段」ではなく「前提」に変わっていきます。すなわち、社会や経済活動全体が高度にデジタル化されると、それに適応した企業に、まるごと生まれ変わることが、ＤＸの本質となっていくことを意味します。

これまで事例として紹介した企業のDXへの取り組みでも、確かにインターネットやビッグデータ分析などのデジタル技術やデータを活用していますが、そこに本質があるわけではありません。

たとえば、コマツは、建設現場のデジタル化を進めることで、安全で生産性の高い現場を創り出すことが本質的な価値となっているのです。先述のエアビーアンドビーのようなマッチング・サービスにいたっては、データベース、インターネット、検索プログラムといった従来から存在する成熟した基本技術を組み合わせてビジネスの仕組みが構築されています。どのような課題を解決するのか、どのような価値を創出するのかが重要なのであって、最先端のテクノロジーを使うことは必須ではないということです。

もちろん、課題解決や価値創出のために、高度で先進的なテクノロジーが必要な場合もあるかもしれません。しかし、それらの技術をすべて自社で保有し、習得しなければ何もできないわけではありません。応用地質のように、それぞれの得意分野を持った複数の企業が知恵や知識を持ち寄り、協業や共同開発によって実現することも可能です。

ITやテクノロジーに詳しい技術者を多数抱えていない非IT企業であっても、目的や実現したい価値が明確であれば、既存の技術を組み合わせたり、他社の協力を得たりすることでDXを実践することができるということです。

身近に手に入るテクノロジーで実現できるDX

デジタル技術の進展は、DXへの取り組みを安く手軽に始められるようにすることも後押ししています。以前であれば、製品やサービスを開発し市場に投入したり、業務を変革するための仕組みを構築したりするにあたっては、システム構築や技術の導入に何年もの時間を費やしたり、何千万円、何億円という大きな投資を必要としていました。しかし、今ではクラウドサービス上の仮想空間で試作品を作ったり、インターネットを介してテストマーケティングを行ったりといったことが、非常に短い期間で大きなコストをかけずにできるようになっています。

最近では、データ分析やAIのような高度なソフトウェアや、それを稼働させる高性能のサーバなどを高額な費用で購入するのではなく、それらと同等の機能や性能を持ったクラウドサービスを利用するという選択肢もあります。このようなサービスをサブスクリプションモデルで契約して、大きな初期投資を行わず使いたい期間だけ利用することもできるようなっているのです。大きな初期投資を行っていないので、途中で止めることもできます。

また、DXで用いられる技術の中には、AIや拡張現実／仮想現実（AR／VR）、ブロックチェーンなど、新規性が高く未成熟な技術も多く含まれます。こうした先進的な分野では日進月歩で技術革新が起こっていますので、技術の採用や選択が難しかったり、実装や適用において不確実性やリスクを伴ったりすることも珍しくありません。こうした技術もクラウドサービスを活用したり、試験的な導入による技術検証を行ったりすることで、技術の選択が間違っていたら、別の技術を試すことも容易にできるようになります。何度も失敗して、少しずつ良いものにしていくこともできるということです。

素早くサービスを立ち上げられる

株式会社グローアップは、2008年の設立以来飲食店向け人材紹介サービスを提供していますが、新型コロナウイルスの感染拡大による接待を伴う会食等の自粛やインバウンド消費の減少の影響を受けて困窮する飲食業界に向けて、レンタル移籍サポート『ロンデル』というサービスをいち早く立ち上げました。

事業縮小や撤退を余儀なくされる飲食業も多いなか、このままでは飲食企業は従業員の雇用を維持できず、やむを得ず解雇をしなければならない事態も増えると考えられます。そこで、同社は、サッカー選手のレンタル移籍のように、一緒に働き続けたい社員が復帰できるように1年から2年の期間を設け、他業界の企業で働く機会を提供する仕組みでサポートしようと考えました。この新サービスの企画は、3月末にプロジェクトをスタートし、4月14日に発表しており、わずか2週間ほどでリリースしています。

同社が以前から1000社以上の飲食店の取引先を持っていたことも強みとなっていますが、発表から1週間で40件を超える問い合わせがあったとのことです。飲食店向けに予約／顧客台帳サービスを手掛けるトレタの子会社でコンタクトセンターを担うトレタCC株式会社では、ロンデルのサービス理念に共感し、発表から3日後の4月17日に採用を表明しています。

デジタルの時代には、このような俊敏さがビジネスの成否を左右します。ロンデルは、従業員をレンタル移籍に出したい飲食業と、それを受け入れたいさまざまな業種の企業とをつなげるマッチング・サービスですが、先述のとおりデータベース、インターネット、検索プログラムといった従来から存在する成熟した基本技術を組み合わせることで、迅速に仕組みを構築することができるのです。

走りながら軌道修正し、ダメならすぐにやめる

デジタルの世界では迅速にスタートすることも重要ですが、それと同様にスタートしたあとに柔軟に軌道修正をかけたり、うまくいかない場合は早期に止める決断をすることも重要です。

紳士服の製造販売を手掛けるＡＯＫＩホールディングスは、２０１８年４月からサブスクリプション型のスーツレンタルサービス「スーツボックス（suitsbox）」を開始していました。スーツボックスは、スタイリストが自分に合ったスーツやジャケット、シャツ、ネクタイなど一式をコーディネイトし、最低月７８００円の月額定額で届けてくれるサービスを、クリーニング費や裾直しの代金、往復送料などを込みで提供していました。

同サービスは、２０１７年にクラウドファンディング「マクアケ（makuake）」で先行してサービスをリリースしたところ、３日で目標金額の１００万円を大きく上回る

223万円を達成し、163人の支援者が集まるなど注目を浴びていました。しかし、想定した利用者層と実際の利用者のズレが判明したことや事業方針の転換などを理由に、サービス開始からわずか半年余りの2018年11月にサービスの終了を案内することとなりました。

不確実性の高いデジタルビジネスの世界では、すべてのプロジェクトが成功するとは限りません。リスクを取って新しいことにチャレンジするためには、失敗を許容することも重要であり、「アマゾンは世界一の失敗をする企業である」とCEOのジェフ・ベゾス氏が述べています。グーグルでは、アイデアがうまくいかないとわかったらすぐに中止して撤退するチームは感謝され、また昇格やボーナスを与えられます。その失敗から早く立ち直り、それをもとに学習することを重視しています。

デジタルビジネスの運営においては、リーンスタートアップの考え方が有効と言われています。リーンスタートアップは、起業家であるエリック・リースが整理・体系化したビジネス開発手法で、「リーン（Lean）」は「無駄がない」「効率的な」という意味で、「スタートアップ（Startup）」は「起ち上げ」という意味です。この概念は、その名の通りトヨタ自動車が編み出した生産方式「リーン生産方式」が基底にあります。リーン生産方式では、

図2−3：リーンスタートアップの考え方

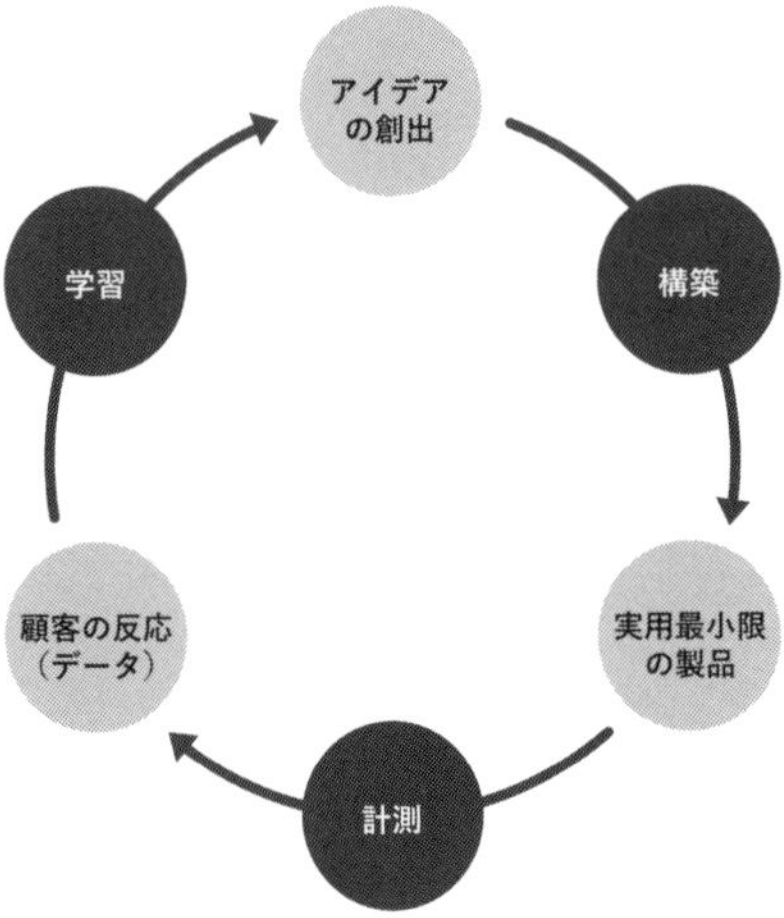

製造工程におけるムダの排除を目的に、プロセスを徹底的に効率化します。エリック・リース氏はこの考え方を、生産手法ではなく、ビジネス開発手法に応用したリーンスタートアップ方式として提唱しました。

つまり、新サービスや新規ビジネスを立ち上げ、成長・成功させる過程における非合理性を徹底的に排除する方法を体系化したものといえます。コストをかけずに試作品や必要最小限の商品やサービスを作り、それをいち早くリリースし、顧客の反応を見て反映するというサイクルを短期間に繰り返すことで、事業化の初期段階に見られれがちな過剰な投資や大幅な手戻りといったムダを抑制する考え方です（図2－3）。

非IT企業のなかには、鉄鋼や化学製品などの製造業、電力・ガスなどのエネルギー産業といった装置産業と呼ばれる企業や、大規模で全国的な店舗展開を図るチェーンストアや百貨店など大型の設備や施設を必要とする企業が多く含まれることから、綿密な計画と確実な遂行が重視され、迅速なスタート、柔軟な軌道修正、早期の撤退といった行動が好まれない傾向にあります。しかし、DXの推進においては、それが重要な成功要因となりますし、クラウドやデータ分析などのデジタル技術が、その実現を容易にしているということも追い風になると考えられます。

第3章

非ＩＴ企業にとってＤＸは何を意味するのか

多くの企業がデジタル化の潮流に押し流されることなく、これを好機と捉えその波に乗って前進しようとしています。非ＩＴ企業はＤＸを推進することで、どのような企業に生まれ変わろうとしているのでしょうか。そして、そのためにはどのような変革に向けた施策を展開していくことが求められるのでしょうか。

01

Digital Transformation

非ＩＴ企業がＤＸの先に目指すべき企業像とは

デジタル化が企業に及ぼす3つの影響とは

ＤＸによって非ＩＴ企業が目指すべき姿について考えるにあたって、まずはデジタル化が企業に及ぼす注目すべき「３つの影響」について考えてみましょう（図３－１）。

１つ目は、既存事業の継続的優位性の低下への懸念です。従来の事業を推進するにあたっても、デジタル技術やデータの活用が必須となってきています。製造業の生産現場や小売業の店舗運営では以前からさまざまなＩＴが活用されてきましたが、その使い方は日々高度化しています。また、建設現場や農業の現場など、これまでＩＴがあまり入り込んでいなかった分野でも、センサーによる監視や制御、データ分析による最適化や予測、自動化などのテクノロジーが浸透しつつあります。その

図3–1：デジタル化が企業に及ぼす影響

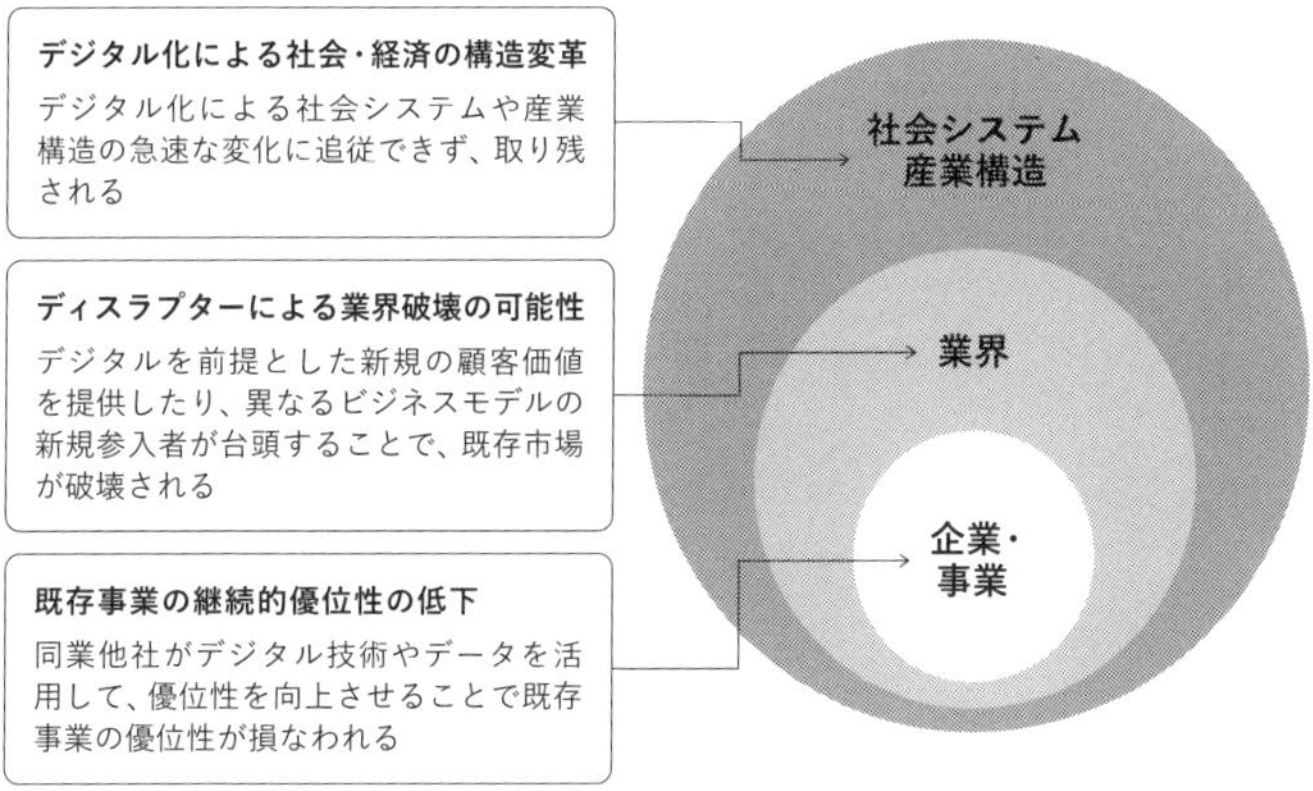
デジタル化による社会・経済の構造変革
デジタル化による社会システムや産業構造の急速な変化に追従できず、取り残される
ディスラプターによる業界破壊の可能性
デジタルを前提とした新規の顧客価値を提供したり、異なるビジネスモデルの新規参入者が台頭することで、既存市場が破壊される
既存事業の継続的優位性の低下
同業他社がデジタル技術やデータを活用して、優位性を向上させることで既存事業の優位性が損なわれる
社会システム
産業構造
業界
企業・
事業

ため、同業他社がデジタル技術やデータを活用して優位性を向上させたり、異なる優位性を持つ新規の参入者が台頭したりすることで、自社の優位性が損なわれる可能性が高まっています。

いかなる業界においても企業は、デジタル技術やデータを活用した業務の高度化やコスト構造の変革により、既存の事業や優位性を維持・拡大していかなければなりません。

2つ目に、ディスラプターによる業界破壊の可能性があげられます。デジタル技術を活用して新規の顧客価値を提供したり、異なるビジネスモデルで顧客を奪ったりする、いわゆるディスラプターが台頭することで、既存市場が破壊される可能性が高まることです。アメリカでは「アマゾンショック」と呼ばれる現象によって大手デパートだけでなく、トイザらスやフォーエバー21のようにかつてはカテゴリーキラーと呼ばれていた専門小売店が大きな打撃を受けています。

国内でもあらゆる業界にディスラプションの波が押し寄せており、対岸の火事ではなくなっています。ディスラプターは、どこから出現するかわかりません。海外企業かもしれませんし、国内ベンチャー企業や思いもよらない異業種からの参入者かもしれません。

今は目に見えない小さな存在かもしれませんが、知らぬ間に巨人に変身しているかもしれませんし、パートナーだと思って手を貸していたら「軒を貸して母屋を取られる」ということになっているかもしれません。企業は、製品・サービスをデジタル化したり、デジタル技術やデータを活用した新たなサービスを創出したりして、ディスラプターに対抗しなければなりません。

3つ目は、もっとも広範に影響するデジタル化がもたらす社会全体の構造変革です。デジタル化による社会システムや産業構造の急速な変化についていけず、取り残される恐れがあるということです。

たとえば、第1章で述べたように富士フイルムは、2000年代前半に到来したデジタル化の大波により写真フィルム市場が10分の1に急減するという本業消失の危機に直面しましたが、高機能材料事業や医薬品、化粧品にも拡大したメディカル・ライフサイエンス事業へ軸足を移して生き残りました。

社会のデジタル化によって市場そのものや大口顧客の需要が失われることもあります。たとえば、自動車メーカーに素材や部品を提供しているB2B企業の業界では、電気自動車や自動運転車の普及によって自動車そのものの素材や作り方が大きく変わり、これまで必要だった素材や部品が不要になるかもしれません。鉄道や自動車の普及で人の移動や物流が大きく変わったように、構造変革がもたらす影響はデジタル以前にも起こっていました。しかし、デジタル時代の到来は、これまでの産業革命といわれる大きな構造変革よりも、はるかに速いスピードで世の中を変えようとしています。

デジタルの時代に求められる企業の3つの要件

デジタル化が企業に及ぼす3つの影響に対応する形で、企業はデジタル時代に向けて3

図3−2：デジタル時代の企業に求められる3つの要件

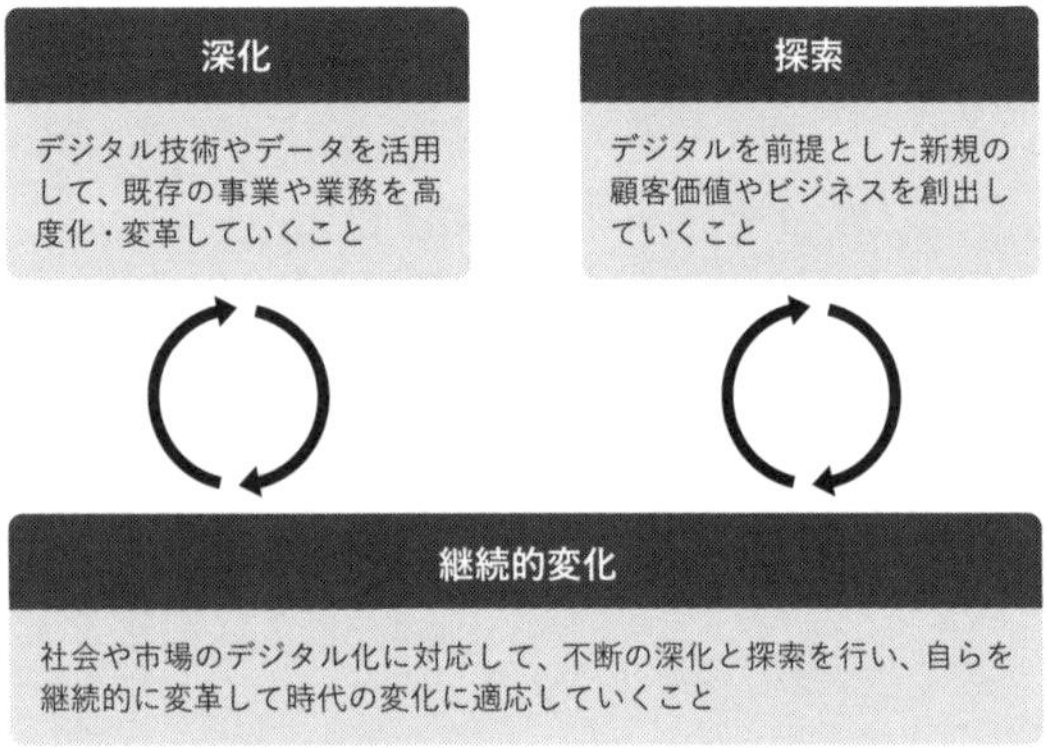
深化
デジタル技術やデータを活用して、既存の事業や業務を高度化・変革していくこと
探索
デジタルを前提とした新規の顧客価値やビジネスを創出していくこと
継続的変化
社会や市場のデジタル化に対応して、不断の深化と探索を行い、自らを継続的に変革して時代の変化に適応していくこと

つの要件を満たしていかなければなりません（図3－2）。

まず、既存事業の継続的優位性の低下に対しては、デジタル技術やデータを活用して、自ら既存の事業や業務を高度化・変革していくこと、すなわち従来の事業をより深めていく「深化」が求められます。

同業他社がデジタル技術やデータを活用して優位性を向上させたり、異なる優位性を持った新規の参入者が台頭したりするのに対抗するためには、他社よりも先んじて、そしてより有効にデジタル技術やデータを活用して、競争優位性を維持・拡大しなければなりません。他社が成功しているからそれに追従するという姿勢ではなく、失敗のリスクを勘案して先行的に複数の打ち手を試し、より良い打ち手を継続的に追い求めていくことが重要です。

2つ目の、ディスラプターによる業界破壊の可能性に対しては、自らもディスラプターと同様にデジタルを前提とした新規の顧客価値やビジネスを創出していくこと、すなわち「探索」が必要となるでしょう。

場合によっては、自社の既存事業を破壊する可能性を持った新規事業を自らが創出しなければならないかもしれません。自社がやらなければ、誰かがやると考えなければならないのです。ここで述べた「深化」と「探索」は、このあと説明する「両利きの経営」で示されている概念です。

そして、3つ目のデジタル化がもたらす社会・経済の構造変革の影響に対しては、ゲームのルールが大きく変わることを前提に自らを継続的に変革して、時代の変化に適応する性質を身につけることが重要であり、すなわち「継続的変化」が求められます。深化によって既存事業の優位性を維持したり、探索によって新規のビジネスを創出したりできたとしても、それが1回で終わっていたのでは、次なる社会システムや産業構造の変化に追従できず、取り残されるということです。

深化と探索に向けたDX施策の実践は、どちらか一方を優先的に進めてもよいですし、両方を並行して推進しても構いません。その上で、これらの実践的な活動を全社的かつ継続的に遂行し、常に変わり続けられる企業となるためには「継続的変化」が不可欠であり、DX施策推進の土台となります。言い換えれば「継続的変化」は、企業が常に深化と探索が共存した状態を維持する体質と仕組みを持つことでもあります。

これからの企業には「両利きの経営」が不可欠

先に挙げた3つの要件を満たしたデジタル時代に目指すべき企業像とは、「深化」によって既存事業の強みを維持・強化しつつも、必要に応じて「探索」を迅速に実現し、ビジネス環境の変化に適応して「継続的変化」を続けられる企業といえます。

しかし、多くの非IT企業、特に過去の事業で成功してきた大企業は、これまでの事業をより良くするための「深化」を推進することにはある程度慣れ親しんでいるものの、全く新たな事業や市場を開拓するような「探索」の実現は不得意と言わざるを得ません。

図3−3：既存企業に求められる「両利きの経営」

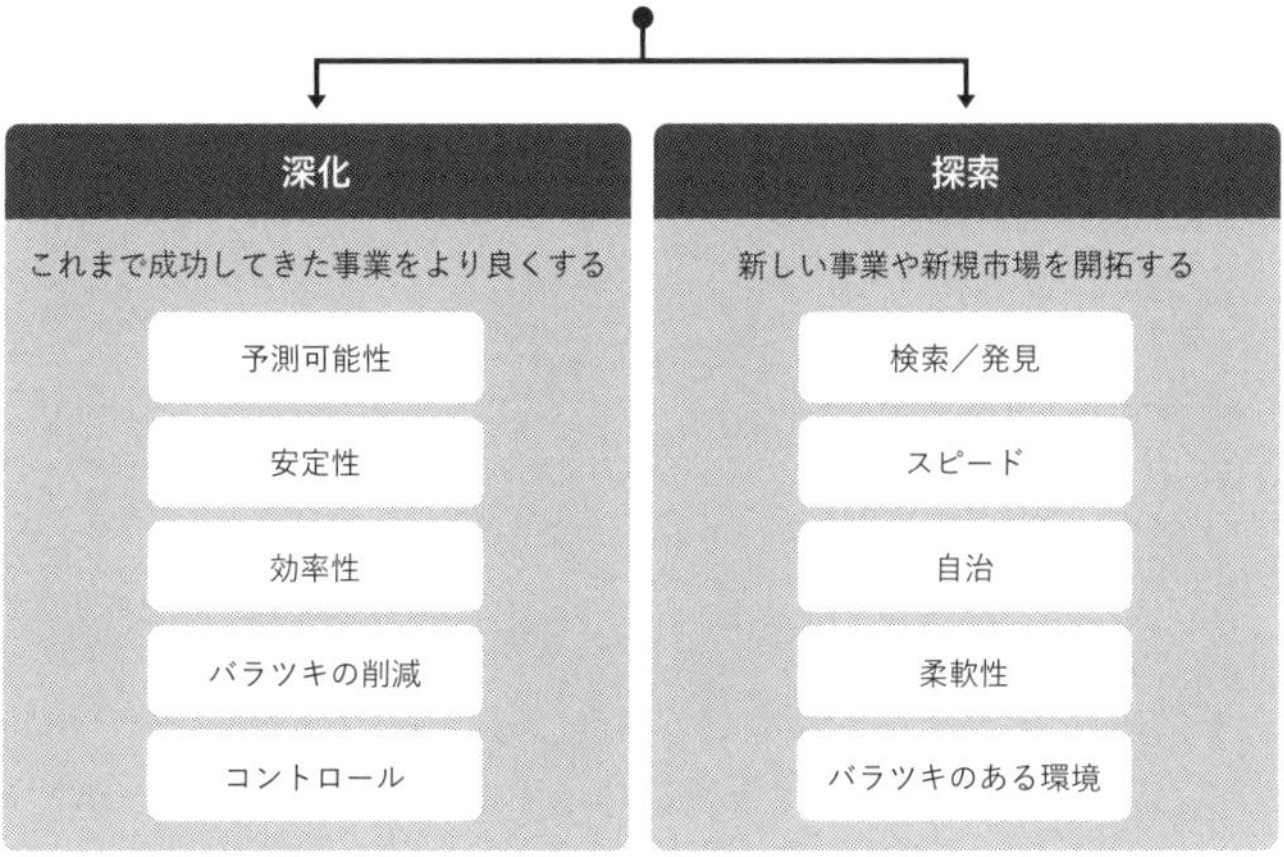

出典：「両利きの経営」（チャールズ・A・オライリー、マイケル・L・タッシュマン、東洋経済新報社）を基に作成

「深化」は、既存事業の延命には寄与しますが、前に述べたディスラプションの前には歯が立たず、これだけではいずれ衰退の道をたどることも懸念されます。

一方、生まれたてのベンチャー企業のように「探索」だけに頼っていたのでは存続できませんし、1つの新規事業を成功させるだけでは成長を維持することはできません。これまで成功してきた既存事業を維持しつつ、新たな分野を開拓するためには「両利きの経営」を身につけることが重要です。

これは、2019年2月に邦訳が出版された『両利きの経営』（チャールズ・A・オライリー、マイケル・L・タッシュマン、東洋経済新報社）で述べられている考えです。「深化」と「探索」は、図3－3に示したように重視すべき要素や組織特性が異なるため、その両立は容易ではないのです。同書では、成熟事業の成功要因は「深化」、すなわち漸進型の改善、顧客への細心の注意、厳密な実行だが、新興事業の成功要因は「探索」、すなわちスピード、柔軟性、失敗への耐性であり、その両方ができる組織能力を「両利きの経営」と呼んでいます。

「深化」とは、これまで成功してきた事業をより良くするために、効率性、コントロール、安定性、バラツキの縮小に力点を置き、絶え間ない改善が組織の調整能力となるものです。

これに対して「探索」とは、自発性、実験、スピードに力点を置き、新しい事業コンセプトの発案、市場セグメントと顧客の特定、検証しながら継続的に調整することで新規分野を開拓してくことであり、挑戦と機敏さを重視する文化を醸成することを意味します。

連続的なS字カーブを生み出し続ける

既存企業には、これまで成功してきた事業をより良くする「深化」と、新規の事業や競

図3−4：DXの先に目指すべき企業像

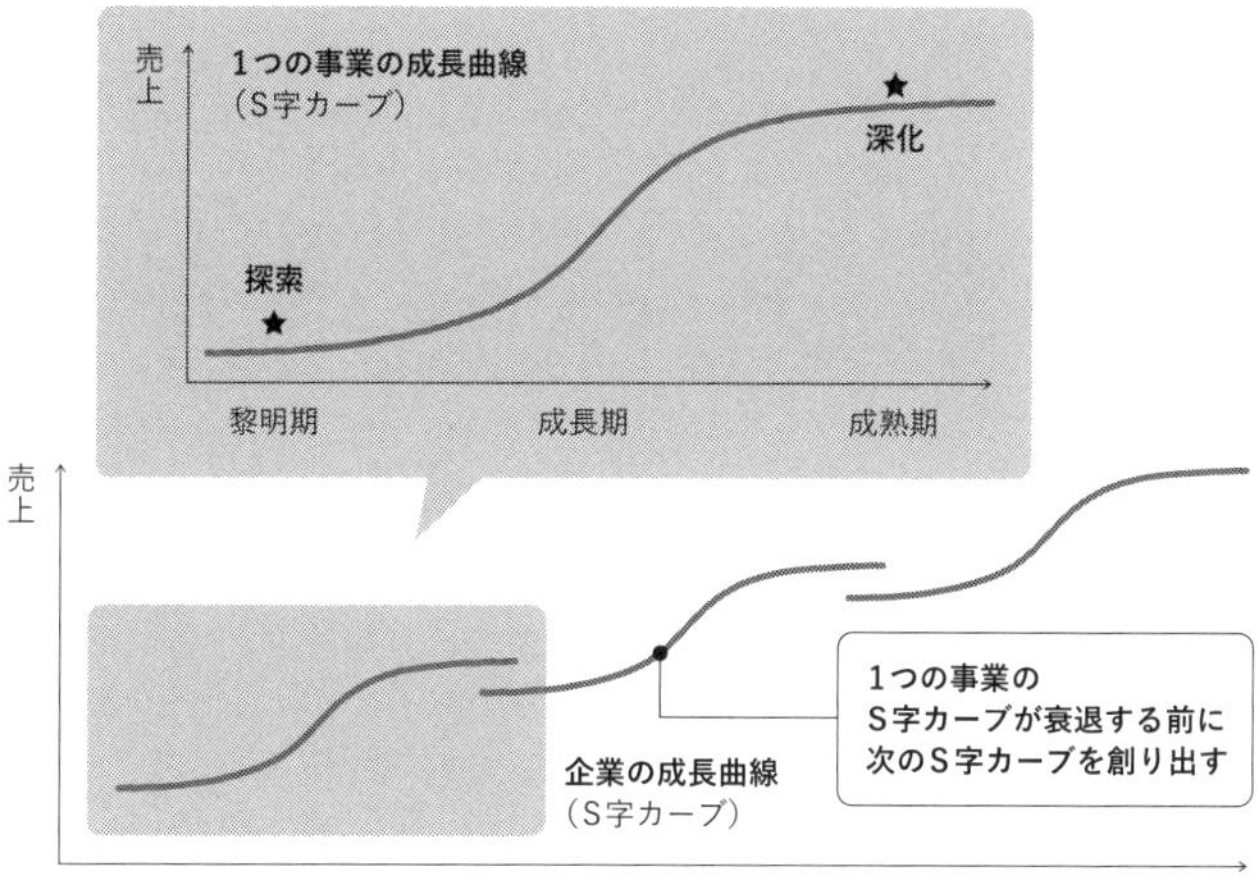

争原理を創り出す「探索」の2つを両立させる「両利きの経営」が必要であると述べましたが、いずれの事業にも黎明期、成長期、成熟期のライフサイクルがあり、それは成長のS字カーブと言われています（図3−4）。また、事業によっては成熟期の後に衰退期を迎えて消失してしまったり、撤退したりすることもあるでしょう。

目まぐるしく変化し、進展し続けるデジタル化の時代に、生き残り成長し続けていく企業とは、1つの事業のS字カーブが成熟期を迎えていることを早期に察知し、既存事業を「深化」によって維持・改善させつつ、それが衰退して強みが枯渇してしまう前に「探索」を断行し、次のS字カーブを創り出すことができる企業なのです。連続的なS字カーブを生み出し続けるためには、企業は常に変わり続けなければならず、「継続的変化」によって常に深化と探索が共存できることがDXの先に企業が目指すべき姿といえます。

そして、今後次なるS字カーブを探索するにあたっては、物理、モノ、所有、消費といったこれまでの常識にとらわれず、仮想、サービス、共有、循環・再生の価値観を重視し、デジタルを前提に考えなければなりません。それには、これまでのような自社の強みや製品・サービスを中心に据えた改善型の課題解決アプローチではなく、未来志向で社会課題や市場ニーズを見据えた問題発見型のアプローチが求められ、それは企業の存在意義や存在価値をゼロから問い直すことを意味します。

02
Digital Transformation

攻めのDXのための着眼点とアプローチ

既存事業を深化させるためのDXの着眼点

DXの推進においては、深化と探索、そしてそれらの共存が重要と述べましたが、具体的な取り組みを推進するにあたって、まずは既存事業を深化させるためのDX施策について考えてみましょう。

既存の事業において、デジタル技術を活用して業務を高度化したり、従来の顧客に新たな価値を提供したりする「深化」を進めるにあたっては、これまでと異なる発想と進め方が必要です。

企業ではこれまでも情報化を進めてきましたし、ITをさまざまな局面で活用していいます。しかし、単なる業務の効率化や部分的な自動化ではDXとは呼べません。つまり、現状の延長線上にあるような発想ではなく、これまでの常識を打破するような斬新なアイデアが必要となります。

深化のためのＤＸの着眼点には、４つのポイントがあります（図３－５）。

まずは、「①直感や経験が支配的な領域」に着目することです。これまでテクノロジーが十分に入り込んでおらず、個人の直感や経験が重視されている領域に着目し、デジタル技術の適用可能性を模索します。具体的には、属人的な業務の排除と自動化、データに基づく仮説検証や意思決定、ノウハウや経験の形式知化（データ化）などがあげられます。直感や経験は、人の頭の中にあるものですが、その中には、機械が学習することができるものもあります。

次に、デジタル技術を使って「②既存の枠組みや慣習が聖域と考えられている領域」にメスを入れることです。既存の枠組みには、社内の制度、業務慣行、商習慣、業界の常識などが含まれます。これらは、従来の事業を安定的に遂行するために作られたものであり、これまでは有効に機能していたかもしれませんが、それがデジタルの時代に通用するとは限りません。たとえば、これまでは詳しい説明が必要な商品や高額な商品（保険商品や不

図3−5：「深化」のためのDX施策への着眼点

着眼のポイント	例
① **直感や経験が支配的な領域** （広報・宣伝、接客、人事など）	◎データ分析に基づく意思決定 ◎ノウハウや知識の蓄積と検索 ◎AIによる判断業務の自動化・無人化
② **既存の枠組みや慣習が聖域と考えられている領域** （訪問型の営業スタイル、固定的な価格モデルなど）	◎インターネットやSNSによる顧客接点の拡大 ◎地域、店舗、顧客特性に応じた価格設定 ◎サービスのオンデマンド化と従量制課金
③ **独自または個別に遂行している領域** （自社生産、自社物流、拠点ごとの調達・販売など）	◎ネットを活用した連携による協業 ◎企業間クラウドによる共同利用 ◎データ分析による予測精度の向上
④ **時間・地理的などの制約がある領域** （労働時間の制約、拠点網・立地の制約）	◎グローバルな分業および同時進行 ◎RFID／GPS／GIS等を活用した識別と追跡 ◎オンラインによるセルフサービスの実現

動産など）は、訪問して対面で営業するのが常識と考えられていましたが、今やネットやオンライン対話で商談を進めることも有効な選択肢となっています。固定的な価格を需要に応じた柔軟な価格モデルに変更する、第2章で述べたサブスクリプションモデルのように、提供方法を「売り切り型」から「継続利用を前提としたサービス提供型」に変えるといった変革も既存の枠組みを変えて顧客に便益を与えることにつながります。

また、「③独自または個別に遂行している領域」や「④時間や地理的な制約がある領域」についても、これまで困難であったことがデジタルによって実現できる可能性があります。これらは、インターネットやデジタル技術が持つ、接続性（どことでもつながること）と遍在性（いつでもどこでも存在できること）といった特徴を活かす発想です。

自社内および取引先を含むバリューチェーン内に閉じていた情報や業務プロセスに対して、顧客や外部の組織との連携性および共有性を高めることで、さまざまな物理的な制約を排除し、新たな付加価値や便益を創出することが可能となります。たとえば、全国の各事業所で実績データをそれぞれ集計し、その結果を本部に送付するような業務を、クラウド上の共通システムに直接入力するように変えることも考えられます。また、オンラインのセルフサービスを提供することで遠隔地の顧客をサポートすることも可能となります。

これまでの業務改善と異なる「深化」のためのアプローチ

これまで業務改善のために情報化を推進する際には、まず事業部門に対するヒアリングによって課題や業務要件を引き出すことが一般的に行われてきました。しかし、ＤＸではこの手法が通用しない場合があります。

たとえば、ＡＩの適用分野を探そうと社内をヒアリングして回ったが、そもそも事業部門のメンバーがＡＩで何ができるかを知らないため、ニーズが出てこないといったことが起こります。また、事業部門のメンバーは、現在の仕事や業務プロセスに慣れ親しんでいて、疑問を持たずに遂行していることがあります。現場のスタッフには、目の前の不満や日々の問題はよく見えていても、俯瞰的な見方ができていなかったり、潜在的な問題には気がついていなかったりすることも珍しくありません。

したがって、現行の事業部門の課題や問題点をあまり熱心に聞きすぎることで、業務そのものを大きく見直す可能性を見逃してしまったり、着眼点の４つのポイントにあげたような斬新な発想が生まれなかったりすることに気をつけなければなりません。

デジタル技術を活用した抜本的な「深化」のためのアイデアを発想するためには、ゼロベースで適用の可能性を探ることが求められます。これに対処する1つの方法としては、AIなどの技術について理解しており、他社での適用事例をたくさん知っている人が、先入観を持たずに業務現場をじっくりと観察して適用可能性を探ることが有効です。

社内のIT担当者や社外のコンサルタントのような人材は、業務知識が不足していることがしばしば問題視されますが、あまり詳しく知らない方が、ゼロベースのアイデアや斬新な発想が生まれやすいということもあります。また、事業部門のメンバーに対して、「デジタル技術の本質的な価値は何か」、「どんなことが可能となるのか」、「他社ではどのような活用事例があるのか」といったことを啓発して、気づきを呼び起こすという方法も考えられます。重要なことは、IT側やビジネス側といった対立構造を作ることなく、互いが教え合い、意見を出し合い、対等に議論を尽くして取り組むことです。

新規事業を探索するためのDXの着眼点

これまでと異なる事業領域に進出したり、まったく異なるサービスやビジネスモデルを創出したりする「探索」では、さらに大きな発想の転換と未来志向のアプローチが必要です。

多くの企業、とりわけ非ＩＴ企業は、これまで自社の商品や販売網、宣伝の仕方、品質や価格などに優位性を持っていたことで成功を収めてきました。しかし、その成功がいつまでも続くとは限りません。外部環境が著しく変化する時代においては、これまでの延長線上の戦略ではなく、新たな価値を創出し、市場を切り開くような大胆な発想の転換が必要となります。特に、ビジネスモデルを大きく転換したり、新規ビジネスや新サービスを創出したりする際のアイデアでは、これまでの常識を覆すような発想が求められます。

探索のための着眼点として企業戦略の立案やマーケティングのフレームワークで用いられる３Ｃ（顧客、競合、自社）および４Ｐ（商品、価格、プロモーション、流通）を変えてみる発想が有効です。たとえば、法人顧客だけが顧客だった事業を一般消費者にも展開するというのは「顧客」を変える発想です。深夜タクシーの「競合」は深夜バスではなく、カプセルホテルかもしれませんし、24時間営業のネットカフェかもしれません。「自社」についても、立ち位置を変えてみると新たな市場が見えてくるかもしれません。

自動車を売るという事業を、移動をサービスとして提供するという事業に転換することは「商品」を変えることを意味します。「価格」も固定的に捉えることなく、フリーミアム(「フリー」と「プレミアム」という料金モデルの2つの面を組み合わせた造語で、基本的なサービスや製品は無償で提供し、さらに高度な機能や特別な便益に対しては追加料金を課金する料金モデル)、定額制、従量制などさまざまな形態がありますし、季節・曜日・時間帯・地域で料金を変動させるなど選択肢が広がっています。「プロモーション」についても、テレビCMなどのマスプロモーションからネット広告へのシフトが著しいことに加えて、SNSなどを活用した口コミへと媒体やチャネルも多様化しています。「流通」では、専属代理店から複数商品を扱う保険ショップへのシフトなど、販売チャネルや中間流通も多様化しています。3C・4Pのうちの1つを変えることで、全く新しい価値観を見出すことができたり、顧客に新しい体験を提供したりする可能性があるのです。

新たな価値を創出する「探索」のためのアプローチ

企業はこれまでも、時代の潮流や顧客ニーズの変化に対応して自らを変容させてきました。しかし、これから起ころうとしている変化は、ここ数十年で我々が経験したものと異

図3–6：「探索」のためのアプローチ

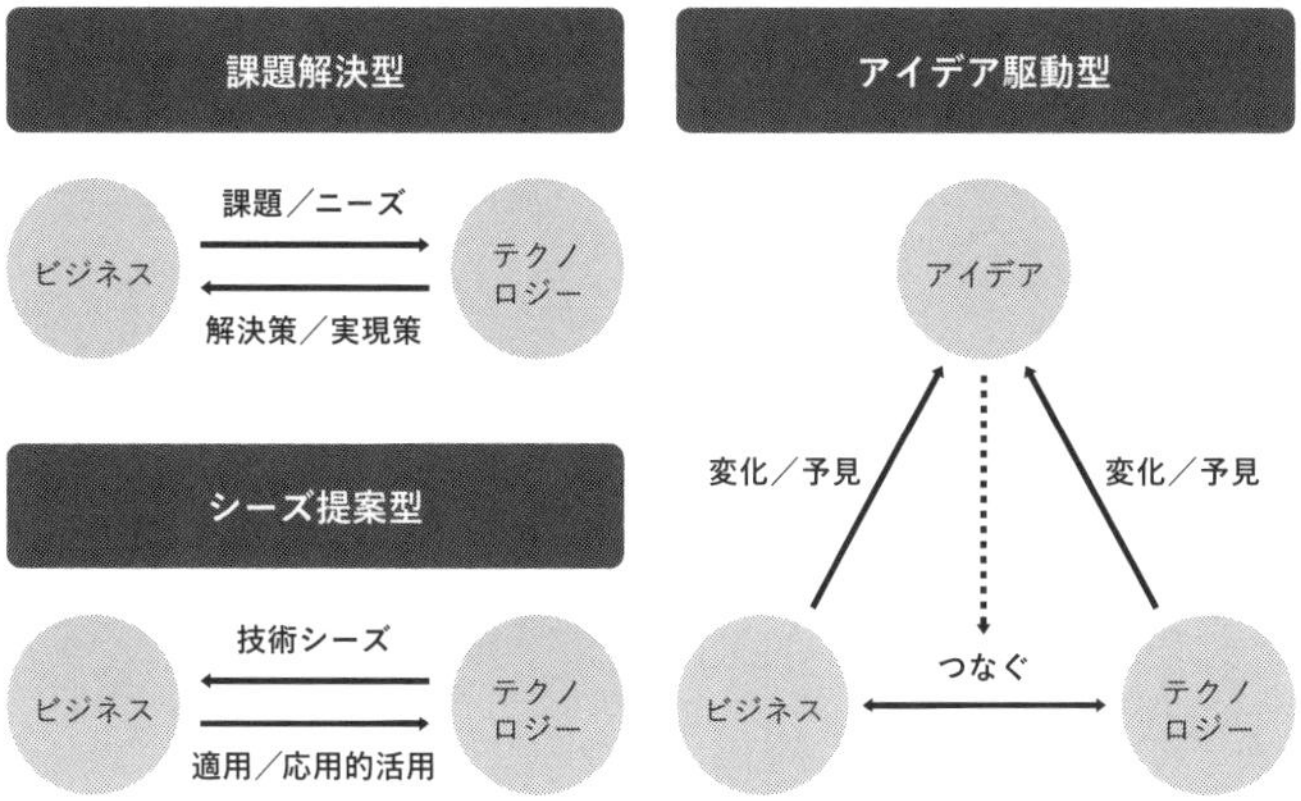

質のより大きな転換を求められる可能性が高いと考えられます。これは大きな危機であると同時に大きな好機でもあります。

これまで、ビジネスや業務でテクノロジーを活用する際は、ビジネス上の課題やニーズに対して、その解決策および実現策としてテクノロジーを当てはめるという「課題解決型」のアプローチが主流でした（図3－6）。このアプローチは、成熟した産業や安定的な事業において業務を改善していくには有効な方法ですが、「探索」には不向きです。

これに対して、新技術の台頭を受け

てビジネスへの適用を検討する「シーズ提案型」が有効な場合があります。たとえば、無線ＩＣチップ（ＲＦＩＤ）の低廉化という技術シーズを受けて、倉庫での資材の棚卸しへの活用を検討するといった応用的活用のアイデアを発想するアプローチです。

さらに昨今では、デジタル技術を活用した新しいビジネスが次々と台頭していますし、デジタル技術自体も日々進化しています。したがって、ビジネスの環境変化やテクノロジーの将来動向を予見して、それらを結びつけることで生み出される新規ビジネスの創出やビジネスモデルの転換を実現するアイデアを創出するアプローチも考えられます。不連続型イノベーションの創出においては、このような未来志向の「アイデア駆動型」が有効な場面が多いと考えられます。

03
Digital Transformation

非ＩＴ企業が取り組むべき攻めのＤＸ施策とは

さまざまな業界で取り組まれている深化のための施策

事業領域を大きく変えたり、新規事業を起こしたりするわけではないけれども、商品やサービスの作り方、届け方を変える、取引や課金の方法を変える、顧客に提供する価値を変革すること、あるいはこれらに付随して内部の業務プロセスを大きく変えることが「深化」にあたります。

製造業は、早期からデジタル化の影響を大きく受ける業種となることが予想されます。なかでも、ＩｏＴを活用した製造工程や品質の見える化、生産機械や設備の遠隔制御、製品の利用状況の見える化、などが有望な分野の１つです。

３Ｄプリンタや３Ｄスキャナなどの三次元技術を活用したモノづくりも普及し始めて

います。以前から試作品の製作や構造のシミュレーション、品質検査や衝突実験などにおいて三次元データを活用することは広く行われていましたが、昨今では部品や最終製品の製造の段階でも利用される機会が増えています。自動車や航空機の部品などにもすでに多く使われていますし、一軒家を丸ごと3Dプリンタで製作した事例もあります。

3Dスキャナは、対象物の凹凸を感知して三次元データとして取り込む装置です。対象物にレーザーを照射したり、センサーをあてたりしながら3次元の座標データを複数取得することで、モノの形状をデジタルデータとして捕捉できます。製造業の設計、製造、品質検査などの分野で利用されており、加工前の部品が加工するのに十分なサイズがあるかどうかの計測や、設計図やCADデータのない製品や部品のリバースエンジニアリング（製品の構造を分析し、製造方法や構成部品、動作などの技術情報を調査し明らかにすること）などの分野で活用されています。昨今では、高性能で比較的低価格の3Dレーザースキャナーが普及したことで、ラボや工場内の制作物にとどまらず、地形や森林、大型構造物や街並みなど広範囲を高速にスキャンし、3次元座標データ（点群）化して記録することが可能となっています。建設・土木分野では、橋のたわみやひずみなどの橋梁点検、トンネルの内空断面変位や形状の計測、日照計算や天空率のシミュレーション計算などにも活用されています。

また、製造現場や倉庫・物流分野におけるＡＩやロボティクス技術の活用は高度化し、さらに自動化や無人化が進むと考えられます。ロボットアームや機器の遠隔操作も現実のものとなっています。

流通業、とりわけ大規模な店舗を多数展開する百貨店、スーパーマーケット、量販店にとって重大な課題は、ネットショッピングに対する優位性の確保となるでしょう。そのためには、接客を含む店舗内業務の高度化と、リアル店舗ならではの買い物体験の提供が求められます。また、ＩｏＴを活用した顧客動線分析やデジタルサイネージを利用した店頭プロモーションなども注目されています。

メガバンクなどの金融機関では、店舗業務のデジタル化や事務処理の無人化を推進し、大幅な人員削減や人材シフトを実現しようとしています。

医療分野では遠隔医療、ロボティクス手術、医療画像や医療記録のデータ解析なども進展しています。その他、防災・防犯、高齢者見守り、エネルギーマネジメント、交通や物流の最適化などさまざまな事業・業務のデジタル化が進むと考えられます。

モノのデータを活用する「深化」のためのDX施策

多くの業種に共通して事業・業務の変革に適用可能な技術の1つがIoT（モノのインターネット）です。どの業種においても、設備、機器、モノ、人などの経営資源を活用して事業を行っていますが、それらの位置や状況をIoTによって見える化し、監視したり、制御したりできるようになっています。また、IoTによって収集された設備、機器、モノの状態や稼働状況などのデータを分析することによって、予防保全・予知保全、遠隔修復・自動修復などを行うことができます。また、人やモノの位置・移動・動作などを捕捉することによって、その後の動きを予測したり、より良い状態となるための最適化のアドバイスを提供したりすることも可能となります。

IoTによって機器や設備などのあらゆるモノがインターネットにつながることで、その稼働状況や周辺環境のデータが収集できるようになったことから応用分野が一気に広がりました。元来、インターネットに接続するデバイスはコンピュータや通信機器に限られていました。しかし、小型化した携帯通信モジュールを搭載した機器やセンサーがインターネットにつながるようになり、現在では、テレビ、オーディオ機器、照明、ＡＩスピーカーなどのデジタル家電、自家用車、自動販売機、産業用機器などをインターネットに接続することは一般的になりつつあります。また、機器だけでなく道路、河川、ダム、ビルなどの設備や自然環境にもセンサーや通信モジュールを設置し、インターネットに接続することができます。

モノのデータを活用する場面には、３つのステップがあります（図３－７）。１つ目のステップは、「監視・可視化」であり、モノの所在場所・移動、稼働・利用状況、正常か異常かなどがわかります。たとえば、河川や橋梁にセンサーを設置し、水位や氾濫の予兆を検知することができます。

次のステップは、「制御・自動化」でモノを無人で運転したり稼働させたりできる、良い状態を保持する、異常があれば修復するといったことができるようになります。それによって、地理的制約や物理的限界を取り払い、圧倒的なコスト削減や手間を取られていた作業の大幅な排除を実現します。自動車、家電、生産機械などの製造においては、製品の機能や性能をソフトウェアで制御できるため、複数のモデルを生産することなく顧客に選択肢を提供できるようになるでしょう。

図 3-7：モノのデータの活用

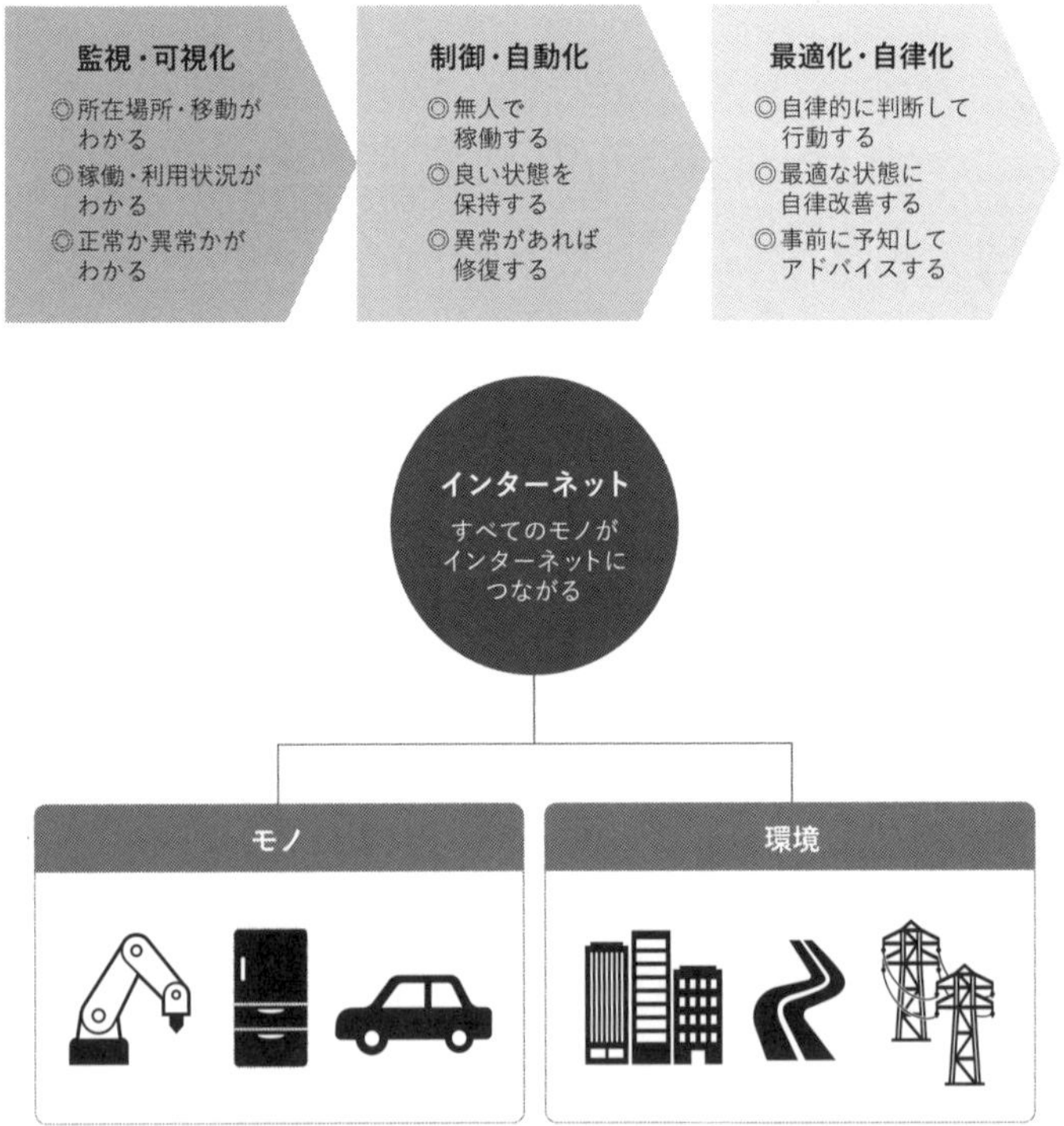

そして3つ目のステップは、「最適化・自律化」で、自律的に判断して行動する、最適な状態に自律改善する、事前に予知してアドバイスするといったことを可能にします。

IoTの最大のメリットは、収集したデータを分析するなどしてヒトやモノにフィードバックできることにあります。それによって、モノの最適配置、安全の確保、故障の予兆検知、省エネルギーやリサイクルなどに活用することもできます。車載機器から運転状況のデータを収集して自動車保険料算定に活用したり、GPS（全地球測位システム）のデータからタクシーを配車したりといった新たなビジネスモデルを創出した事例もあります。

あらゆる業界で試みられる新規事業の探索

近年、デジタルを前提とした新規の事業や業態が立ち上がっており、その動きはあらゆる業界に及んでいます。

製造業では、センサーやネット接続機能を持つスマート製品（コネクテッドカーやスマート家電）から収集されたデータを組み合わせたり、分析したりすることで新たな適用分野が生まれ、それを新規事業として推進する動きが出てきています。また製造業において、モノを作って売るというビジネス形態から、モノをサービスとして提供することを目指したビジネスモデルの転換が加速することが予想され、これを「サービタイゼーション」の動きと呼びます。

流通業では、製造業と同様にいかに「モノ売り」から「コト売り」に転換できるかが鍵となり、デジタル技術を活用した顧客体験の高度化と商品以外の付加価値の提供が重要となります。インターネットで何でも買える時代はすでに到来していますし、家賃や人件費を考慮すると価格競争において小売店は不利といわざるを得ません。したがって、ネットでは提供できない新しい体験を提供することで顧客を店舗に呼び込むか、別の方法を使って直接顧客に価値を届けることを考えなくてはなりません。

金融業界ではもともとＩＴが幅広く活用されており、デジタル技術との親和性が高い業種ですが、今後さらに急速にデジタル化が進展することが予想され、「フィンテック」と呼ばれる新潮流が大きな影響を及ぼそうとしています。フィンテック・ベンチャーは、スマホ決済だけでなく、為替、融資、資産運用などさまざまな金融サービスの分野でユニークなサービスを展開しています。国内ではユニバーサルバンク（金融総合路線）の流れの中、メガバンクを中心に、規制緩和で可能になったさまざまなビジネスを拡大させる戦略を指向しており、顧客の総合的な資産形成を支援するデジタル・ライフ・アドバイザリーや、データに基づく資産運用、生損保商品などのクロスセルを促進する動きが活発化しています。地方銀行では、いかに地域の企業を金融以外の分野でも支援し、経済を活性化させるかが重要となっており、ネットやデジタル技術を活用した協業の促進や人材の育成などが取り組まれています。

電気・ガス業、運輸・情報通信業、公益・公共団体、地方自治体などの分野は、社会基盤となる公共的なサービスを提供していることが多いため、さまざまな局面で社会的課題を解決するためにデジタル技術を活用することが期待されています。日本は課題先進国といわれ、少子高齢化、労働力不足、都市の老朽化、防災・防犯、地球温暖化、資源・エネルギー問題、食料自給率、過疎化・空き家問題など、課題を数え上げればきりがありません。これらに対して、ＩｏＴや画像・音声・映像の認識技術、ＡＩやロボティクス技術、ビッグデータ分析などを活用する場面が多岐にわたって存在すると考えられます。

所有から共有へのシフトを見据えた「探索」のためのDX施策

ネットやSNSの普及により、生産者と消費者が直接つながる機会が増えたり、「買う」だけなく「借りる」「共有する」「修理して長く使う」というライフスタイルが台頭したりしており、「シェアリングエコノミー」と呼ばれる共有型のサービスが注目されています。

シェアリングエコノミーは、有形無形のモノや権利を大人数で共有し、必要な時に利用できるようにするもので、企業と消費者の間の取引（B2C）だけでなく、消費者同士（C2C）の形態が多く見られます。

ウーバーなどのライドシェア（一般ドライバーがマイカーを使い、客を有料で送迎するサービス）や民間宿泊サービスのエアビーアンドビーなどが代表的なシェアリングエコノミーの事例です。クローゼットに眠っているドレスなどの衣服を貸し出せるスタイルレンド、レジャー用ボートを共有するボートバウンドなど多岐にわたります。日本国内においても、使っていない時の駐車場を貸し出すAkippaや軒先パーキング、会議室やイベント会場を共有するスペースマーケットなど、狭い国土を反映して場所を共有するものが多いのが特徴といえるかもしれません。たとえば、店舗や飲食店などの駐車場は、営業日にはフル稼働しているかもしれませんが、定休日は遊休施設となります。所有者の都合を反映して貸し出せることもシェアリングエコノミーの魅力といえます。

次々と登場するシェアリングエコノミーのビジネスが全て成功を収めるわけではなく、取り扱う商材やビジネスモデルによって成否は分かれると考えられます。シェアリングエコノミーのビジネスが最も適合するのは、保有総コストが高く、所有者側の稼働率や利用頻度が低い領域と考えられますが、その領域はさらに拡大していくことが予想されます。

シェアリングエコノミーの台頭を脅威と捉えるだけでなく、まず自社で活用できないかという視点で検討することが推奨されます。自社で所有している設備・機器などは本当に所有しなければならないのかという疑問を持つことが求められます。また、顧客対応、配送、デザイン、翻訳などの人的サービスを外部から調達することはできないかといった検討も有効となるでしょう。従業員によって実行されている機能を、公募するようなかたちで不特定の人々のネットワークにアウトソーシングするクラウド・ソーシングは、役務という無形価値のシェアリングエコノミーでもあります。

さらに、自社がシェアリングエコノミーの事業者となる可能性も考えられます。自社の製品・サービスを売り切り型ではなく、必要な時に利用できるような提供形態はないだろうか。あるいは、自社の保有する設備・機器、本業のための周辺サービス（物流、設置、保守など）を、他社や消費者に供給することで新たな収益源となるものはないだろうかといった視点で、自社の事業や業務を見直してみることが重要です。また、自社のコア事業の周辺領域においてシェアリングエコノミーを展開することで、新たな需要が喚起され既存事業の拡大に寄与するということも考えられます。

04

Digital Transformation

ＤＸを促進するための組織上の施策とは

ＤＸを推進するための組織を設置する

ＤＸ実践のためのアイデアを出し、それを実現していくためには、これを推進する組織体制が必要となります。

ＤＸの推進のための組織体制には、大きく3つの形態があります（図3－8）。ＩＴの専門家集団であるＩＴ部門が機能を拡張して、ＤＸの推進を担うことも1つの選択肢となるでしょう。一方、デジタルによる変革はビジネスの最前線で起こすものなので、事業部門が主導し、それをＩＴ部門が支援するという形態も考えられます。また、これらとは別に、ＤＸを推進する専門組織を設置するという形態もあります。これらのどの形態が良くて、どれが悪いというものではありません。ビジネスとＩＴとの関連性や業種に

図 3-8：DX推進組織の形態

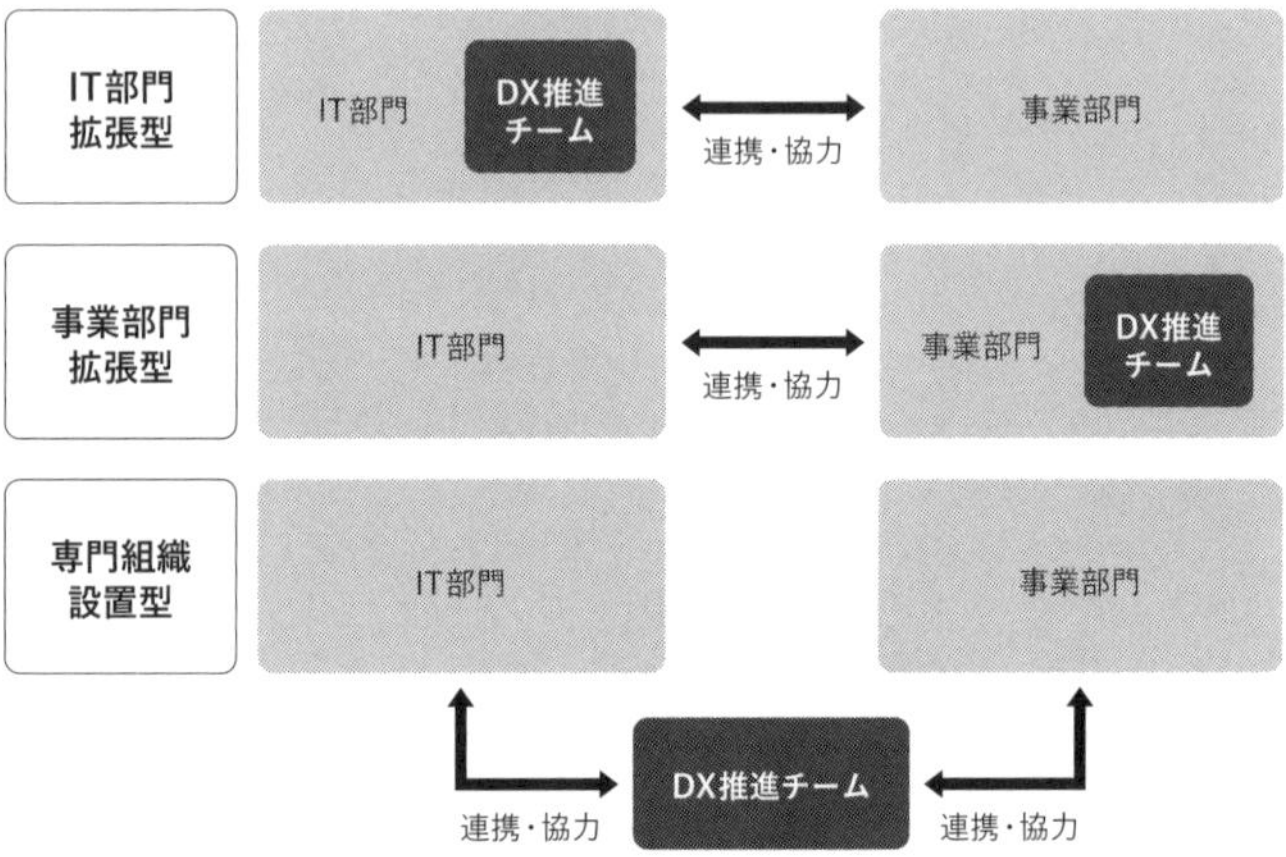

よっても適合する形態は異なります。

昨今では、DXの推進に向けた専門の組織を設置する企業が増加していますが、組織を作ることが目的ではないはずです。当初は専任でない期間限定のタスクフォースによる取り組みかもしれませんが、その範囲で小さな成功をつかみ取ることができれば、それを足掛かりに次のステップを踏み出すことができるでしょう。

しかし、兼任のタスクフォースが継続的な成果を生み出していくことは非常に難しいことですし、正式な組織でなければ他部門を巻き込んだり、社内のリソースを自由に活用したりすることは困難です。初期段階を乗り越えていくためには、正式な組織体制が必要となり、専任のスタッフを置き、明確なミッションや目標を持たせることが重要となります。また、組織を設置し、役割を明確化したうえで、それを全社的に周知することも有効です。

ある企業では、DX推進組織の役割や対象範囲を明確に定義しないまま、その設置の事実だけを全社に告知したところ、デジタル化やイノベーションと直接関係ない案件を含め、さまざまな相談や案件が押し寄せてしまい、よろず相談所のようになってしまったといいます。組織を設置したら、その組織の狙いや掲げるビジョン、管轄する対象分野などを明確に示すことが重要です。

一方、特定の組織だけがDXに取り組むだけでは不十分です。最終的には会社全体としてDXを推進することが当たり前となっており、既存組織との連携や協力関係が容易となっている状態を目指すことが求められます。

DX推進組織は3つの役割を担う

DXを推進する組織に求められる役割と活動とはどのようなものでしょうか。先述の形態のいずれの場合においても、「調査・研究・社内啓発」、「提案・推進および支援」、「社内環境整備」の3つの役割を担うことが求められます。

まず、「調査・研究・社内啓発」では、先進事例、技術動向、市場動向、標準化に関する趨勢《すうせい》などITやデジタル技術に関する調査研究だけでなく、自社が所属している業界の動向、社会・産業全般の動向、市場や顧客の動向などの幅広い分野に対してアンテナを張り巡らせることが求められます。

次に、「提案・推進および支援」は、具体的なDX推進の中心となる活動であり、この組織が能動的に社内に働きかけるものです。ビジネスにおけるデジタル技術の適用可能な分野を模索したり、事業部門と協力して課題やニーズを拾い上げて、ビジネス現場に提案したりすることも考えられます。社外から広く参加者を募るイベントの開催、ベンチャー企業との協業、IT企業との実証実験など、外部との連携を促進することも有効な活動といえます。また、事業部門が主体となってＤＸを推進する場合は、調査研究活動の結果をもとに外部のパートナーや技術の選定において専門家としてのアドバイスを提供したり、技術的または人的な支援をしたりすることも重要な任務となるでしょう。

そして３つ目の「社内環境整備」も重要な任務となります。多くの企業では、ＤＸの推進に対する環境が十分に整っているとは言い難い状況です。円滑にＤＸを推進していくためには、社内のリソース（人、モノ、金）を確保し、動かしていかなければなりませんが、そのための制度や体制が確立していない場合は、それを変革しながらＤＸを推し進めていく必要があります。また、ＤＸに対する意識や企業風土を醸成することも重要な活動となるでしょう。多くの企業にとって、デジタル人材の確保と育成は重要な課題となっていますので、ＤＸ推進組織内の人材だけでなく、会社全体のデジタル・リテラシーの向上も重要なテーマとなります。そのためには、調査研究活動で得た知見をもとに、経営者や事業部門に対して気づきを与えるような啓発的な情報発信を行ったり、教育・研修を実施したりすることも重要な役割です。

もちろん、すべての活動を短期間で立ち上げることは困難ですので、初期段階にはこれらのどの活動を中心に据えるかを明確に方向づけすることが推奨されます。

既存事業と新規事業の共存を図るための組織とは

DXを本格的に展開していくためには、DXの推進を担う専門組織を設置するだけでなく、全社的な組織の見直しが必要な場合もあります。

既存企業が、既存事業を支えてきた組織を維持（深化）しつつ、新規事業を開拓（探索）するためには、異なる2つの文化を両立させるような組織設計が必要となりますが、その組織形態にはいくつかのパターンが考えられます。代表的なパターンとしては、新規事業を推進する組織を別会社として切り離して遂行する「別会社型」、企業の中に既存事業を遂行する事業部門と探索を推進する別組織を持たせる「企業内分離型」、従来の組織のままで、各事業部門内に探索を推進するチームを設置する「部門内実施型」などが考えられます（図3－9）。

これらのどの形態が正解というものではなく、既存事業の規模感や新規事業の成長ステージなどによって適合する組織形態は異なります。いずれの組織形態においても注意し

図3−9：既存事業と新規事業の共存のパターン

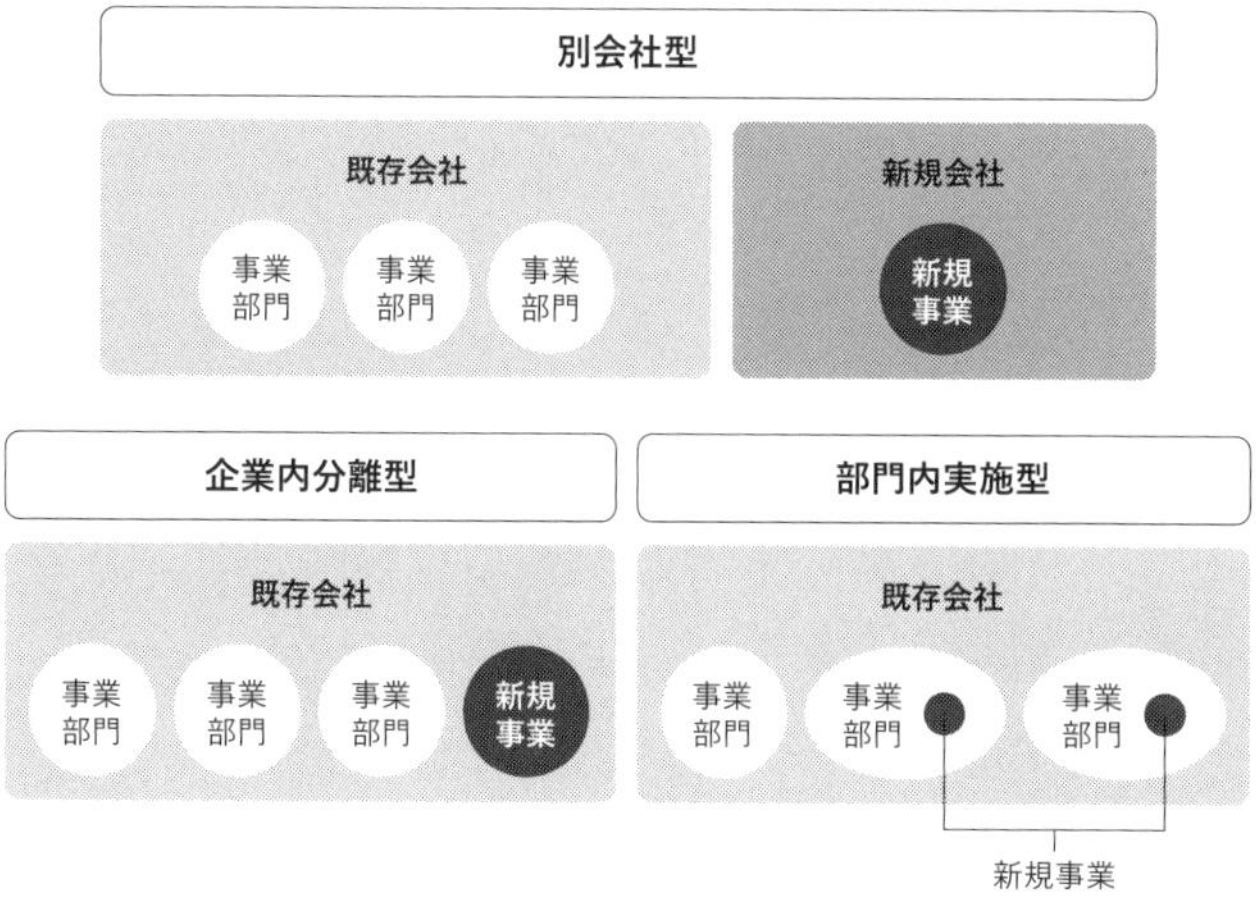

なければならないことは、2つの組織の間の距離感の置き方です。距離が近すぎると従来の常識の干渉を受け、改革や新規の組織文化の形成が阻害され、もとの状態に戻ってしまう「先祖返り現象」に陥る恐れが高まります。一方、距離が遠すぎると、既存と新規の協調や連携がやりにくくなることに加えて、既存の側が一向に変わらず、それぞれ孤立した「離れ小島現象」を引き起こしてしまいます。

DXを促進するために組織を進化させる

「先祖返り現象」や「離れ小島現象」に陥らないように組織を設計し、運営していくためには、どのような点に留意しなければならないのでしょうか。『ストラテジック・イノベーション』(ビジャイ・ゴビンダラジャン、クリス・トリンブル 共著、翔泳社)では、既存企業が新規事業を成長させるためには「忘却」「借用」「学習」の3つの課題を克服しなければならないと述べています。

忘却：既存の組織はこれまでの成功体験や慣習に縛られがちとなりますが、新規事業を興す際にはそれが弊害となることも少なくありません。新規の組織は、既存の事業定義や戦略だけでなく過去の成功体験や勝因を一旦忘れることが重要です。

借用：俊敏で新しい組織文化を最初から具備しているベンチャー企業に対して、既存企業における新規事業が唯一優位といえる点は、既存組織に蓄積された経営資源やノウハウを借りることができる点です。忘却と借用を両立させるには、絶妙な距離感が必要となります。

学習：新規事業において成功をつかむためには、事業成果の予測精度を高めることが重要となります。実験的自己学習を繰り返し、予測精度を高め、新しい世界での成功の法則を導き出さなければなりません。また、既存事業側は新規事業の体験や導き出した成功の法則を学び取っていくことが求められます。

既存企業が新規事業を生み出し、育て、両利きの経営を実現するためには、少なくとも「忘却」「借用」「学習」の順でその壁を超えていかなければならず、場合によってはそのサイクルを何度か繰り返す必要があると考えられます。

最終的には既存事業を営む組織も、新規組織から新たな世界での成功の法則を学び取り、会社全体として「継続的変化」ができる企業となっていることが目指すべき姿です。これを踏まえると、組織形態の変遷として図3－10で示す①から⑥までのステップが考えられます。

図3−10：「両利きの経営」実現へのステップ

①

②
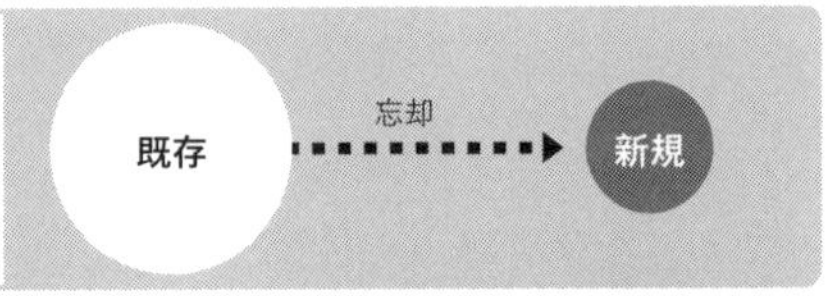

③
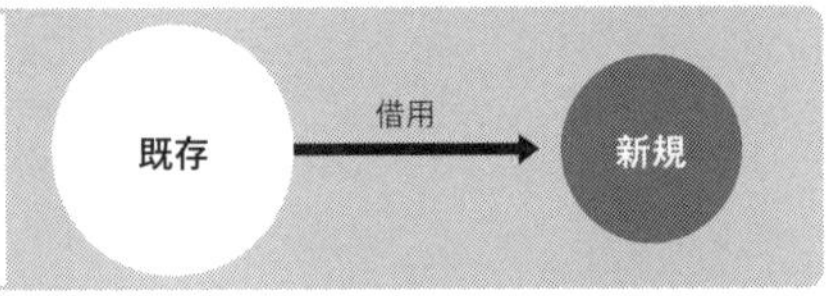

④

⑤
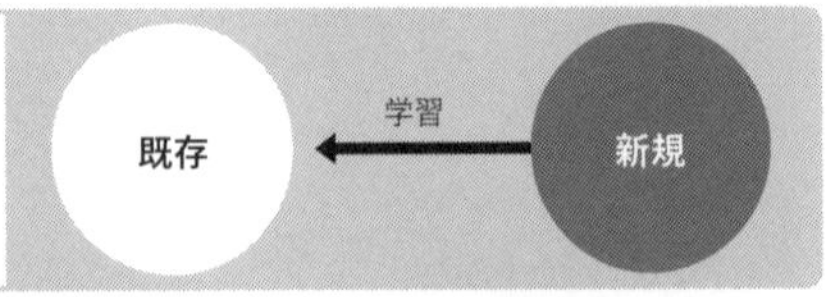

⑥

①始めは「既存」の中から小さな「新規」が生まれる。
②「新規」は「既存」の常識や成功の法則を忘れるために組織を分離することが望ましい。
③「新規」の成長には「既存」の経営資源やノウハウを借りる必要があり、そのためには両者のつながりと上級管理者による橋渡しが求められる。
④「新規」が独り立ちするために、実験的自己学習を繰り返し、予測精度を高める。
⑤「既存」が衰退する前に、「新規」から新たな世界での成功の法則を学ぶ。
⑥完全に融合し、どちらも新たな世界での成功の法則を手に入れる。

新規事業（探索）の成長ステージや組織規模によって適合する組織形態や重視すべき課題が異なりますが、6つのステップは、前後するステップと同時進行的に進めなければならない場合や、何回かステップを繰り返さなければならない場合もあることでしょう。

このようなステップを繰り返しながら、新規事業の創出と成長のサイクルを回し続けられるような次世代の組織構造を見つけ出していくことが求められます。

第4章

デジタルを経営に取り入れるためには

デジタル化は、社会や産業を変えるだけでなく、企業内の仕事や働き方にも大きな変容を求めています。AIなどのデジタル技術は企業の業務やビジネスにさらに深く入り込んでいきます。デジタルの波を乗りこなしていくために、企業の経営や組織カルチャーにどのような変革が求められるのでしょうか。

01

Digital Transformation

デジタルの浸透で仕事や組織が変わる

テクノロジーの進展が仕事を奪う

テクノロジーの進展は、今始まったわけではなく、これまでも世の中を大きく変えてきました。カーナビも、駅の自動改札も、コンビニの電子マネー決済も、テクノロジーは、人々の利便性を高めるために従来のやり方を置き換え、仕事を奪いながら進展してきたといっても過言ではありません。

このように、人が行ってきた作業や業務が機械やコンピュータによって置き換えられてきましたが、これまでその範囲は限定的で、反復的な物理的作業や事前に手順をプログラム化できる業務が主な対象でした。すでに多くの企業では、RPA（ロボティック・プロセス・オートメーション）と呼ばれるソフトウェア・ロボットを導入して、パソコン上の定型的な業務処理を自動化する取り組みを開始しています。また、工場や建設現場のような物理的な作業を必要とする場面でも、ロボットアームや自動運転の建機などが活躍しています。

しかし、ＡＩの登場によってこれまでの常識は塗り替えられようとしています。これまで機械に任せることができなかった経験を要する仕事や、複数の要素を組み合わせて判断しなければならないような仕事の一部が、機械学習や深層学習などを活用して遂行できるようになっています。ちなみに、機械学習とは、与えられた情報から自動的にパターンを学習して特定の処理を効率的に実行するＡＩの一種で、深層学習は機械学習のなかでも、データを分析したり、学習したりする過程をさらに強化したＡＩです。

特に、ＡＩが得意とする記憶、計算、検索、論理、推論・予測（確率）、パターン認識（統計）が適用できる分野では、人間に勝ち目はありません。また、人間には不可能だった仕事も機械が可能にすることもあります。たとえば、１万枚のレントゲン写真を数秒で読み取って、即時に癌の予兆を発見するというようなことは、どんなに優秀な医師でも不可能です。医師、弁護士、技術者といった専門的な知識や経験が求められる仕事であって

図 4–1：人間とITの特徴

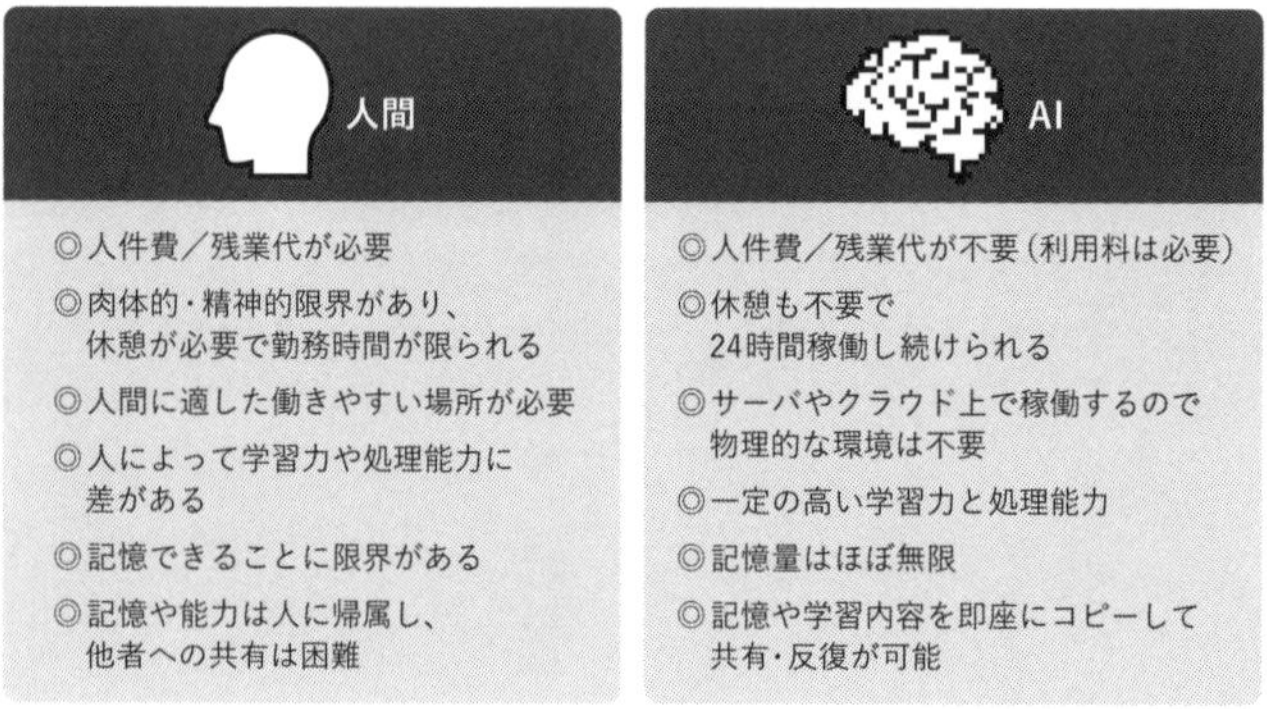
人間
◎人件費／残業代が必要
◎肉体的・精神的限界があり、休憩が必要で勤務時間が限られる
◎人間に適した働きやすい場所が必要
◎人によって学習力や処理能力に差がある
◎記憶できることに限界がある
◎記憶や能力は人に帰属し、他者への共有は困難
AI
◎人件費／残業代が不要（利用料は必要）
◎休憩も不要で24時間稼働し続けられる
◎サーバやクラウド上で稼働するので物理的な環境は不要
◎一定の高い学習力と処理能力
◎記憶量はほぼ無限
◎記憶や学習内容を即座にコピーして共有・反復が可能

も、その一部の業務は機械で代替可能といえます。ＡＩは、人件費／残業代が不要（利用料は必要）ですし、休憩もせずに24時間稼働し続けられます。人間のように学習力や処理能力に差があったり、記憶や能力が個人に帰属して他者に伝承しにくかったりといったこともありません（図４－１）。テクノロジーが仕事を奪うことはもはや避けることはできないのです。

人間とＡＩの役割分担が進む

反復的な物理的作業や事前に手順をプログラム化できる仕事がＡＩに置き換えられていくことは容易に想像されますが、それだけでなく今後は、経験を要する仕事や複数の要素を組み合わせて判断しなければならないような仕事も機械が担えるようになることも想定されます。

しかし、そうなったとしても人間の仕事がなくなるわけではありません。人間の仕事は、人間にしかできないことに絞られていくと考えられます。結果としてＡＩが得意な領域と苦手な領域ですみ分けられ、人間の仕事は次の3つに絞られていくこととなるでしょう（図4－2）。

その1つは、ホスピタリティです。ＡＩは、文章や会話の意味を理解することはできません。対話型ロボットが質問に回答したりしているのは、自然言語処理という技術を使って統計的なデータや人間が作成したルールに基づいて「人間ならこのような回答をするこ

図4−2：人間とAIの役割分担が進む

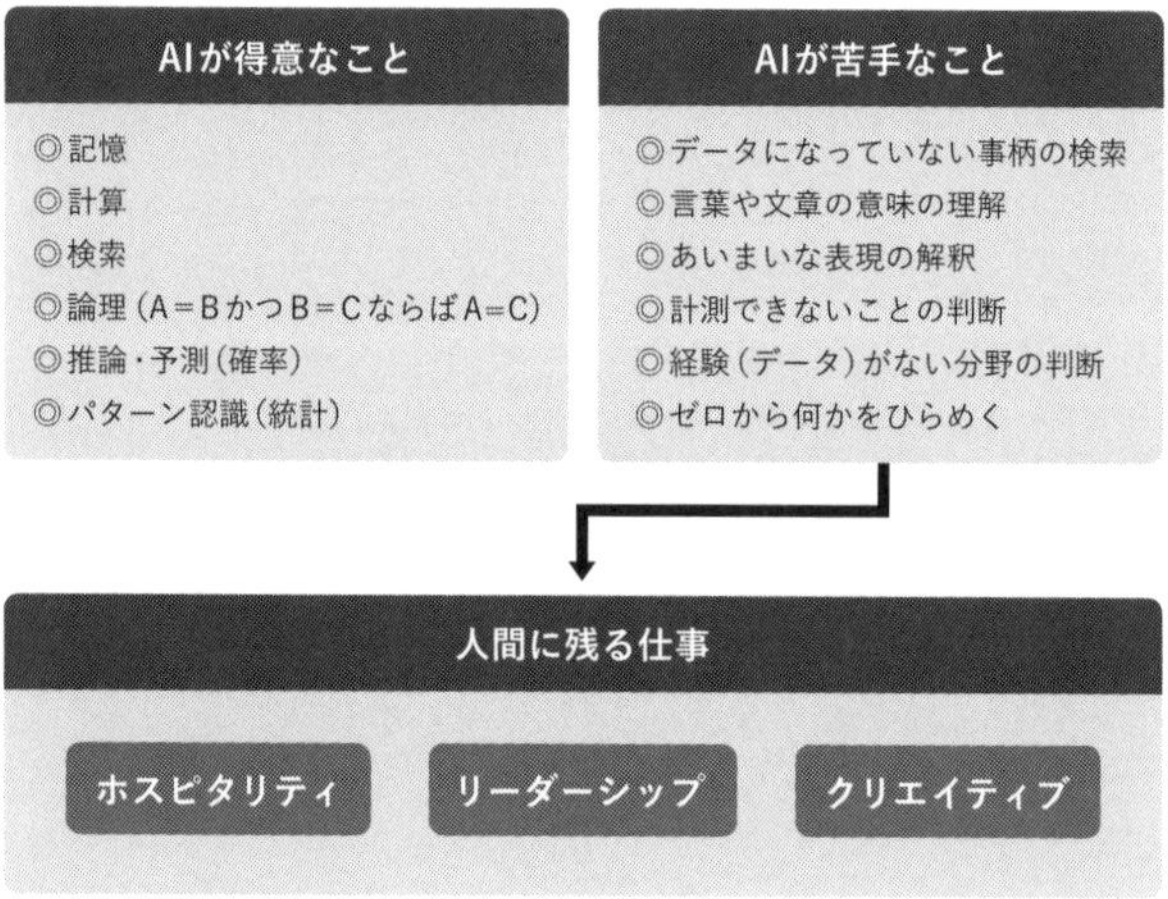

とが多いだろう」という判断で会話を成立させているだけであって、会話や文章の意味を理解しているわけではありません。そのため、人の感情を読み取ったりすることができませんし、人間のような心の通ったコミュニケーションもできません。もちろん、現在の自然言語処理の技術でもルールに基づいて、一定のレベルの「おもてなし」や「気遣い」を感じられる対話はできますし、人の表情や語気を読み取る研究は進んでいますが、人間のホスピタリティを完全に再現することは非常に困難といえます。

2つ目はリーダーシップです。ＡＩは過去データからの統計や推論によって論理的に確からしい指示を出すことはできますが、経験（データ）がなく、学習できない分野の判断はできませんし、信頼や熱意で人を動かすこともできません。

しかし、ここで誤解してはならないのはリーダーシップとマネジメントの違いです。管理職となって部下に指示を与えていると、あたかもリーダーシップが身についたと考えがちですが、それは大きな間違いです。マネジメントを日本では「管理」と訳しますが、「管理」にも複数の意味が込められています。「物事を上手く行わせるために統制する」という意味で使われるマネジメントの多くの業務は、監視する、間違いを見つける、それを知らせる、確認するといった仕事ですので、ＡＩによって置き換え可能な部分が多いと考えるべきです。

一方、リーダーシップは、さまざまな定義や解釈がなされていますが、「未来を指し示し、人を突き動かすことで行動を促し、その責任を取ること」だとすると、それは人間にしか担うことはできません。したがって、ＡＩの支援を受けて人間がリーダーシップを発揮するという形態になっていくと考えられます。

そして、最も重要なのが創造的な仕事です。ＡＩが何かをひらめくということはありません。過去データを使ってモーツァルト風の楽曲やピカソ風の絵画を制作することはできますが、ＡＩがオリジナルの作品を作ることはできません。まったく新しい価値をゼロから生み出すのは人間の重要な仕事となります。

このように、人間と機械がそれぞれの得意分野を活かして、役割を分担して仕事をしていくようになっていきます。

多様化する人材とトライブ化する組織

テクノロジーの進展が唯一の要因ではありませんが、人間に残される仕事の内容が変わることによって企業や組織のあり方も変わってくることでしょう。

組織は「トライブ化」していくと予想されます。「トライブ」とは、もともとは部族を意味し、何らかの共通の興味や目的を持ち、互いにコミュニケーションの手段があることでつながっている集団を指します（『トライブ〜新しい〝組織〟の未来形』セス・ゴーディン著、講談社）。一般社会や消費者市場では、デジタル化の進展に呼応してすでにトライブ化が始まっています。これまでは相互につながりを持たなかった人々が、インターネットやSNS（ソーシャル・ネットワーキング・サービス）などを通じて自由につながり始めており、そのつながりは大きな力を持ち始めています。このようなトライブ化の流れは、企業組織にも波及しつつあります。

これまでの組織は、基本的にピラミッド型の階層構造で成り立っており、情報の流れは上意下達、意思決定はトップダウン型、上位と下位の情報格差が大きい、他の組織は見えないといった特徴を持っていました。成熟した事業を円滑かつ安定的に運営するには、この構造が向いていたといえます。

一方、トライブ化が進行した企業組織は、所属するメンバーが固定的でない、情報の流れや指揮命令系統がいわゆる上意下達ではなく対等で縦横無尽である、部署や会社という枠を超えた協調や交流が実現されているといった特徴を持ちます（図4-3）。そうした組織で遂行される業務（主に知的業務）は、社内外を問わずそれぞれの得意領域を持ったメンバーが、チームを組んでプロジェクト型で遂行し、成果を分配するようになるでしょう。

その結果として企業と個人の関係は、「雇用と就労」から「場の提供と貢献」に変わるこ

図4-3：トライブ化する組織

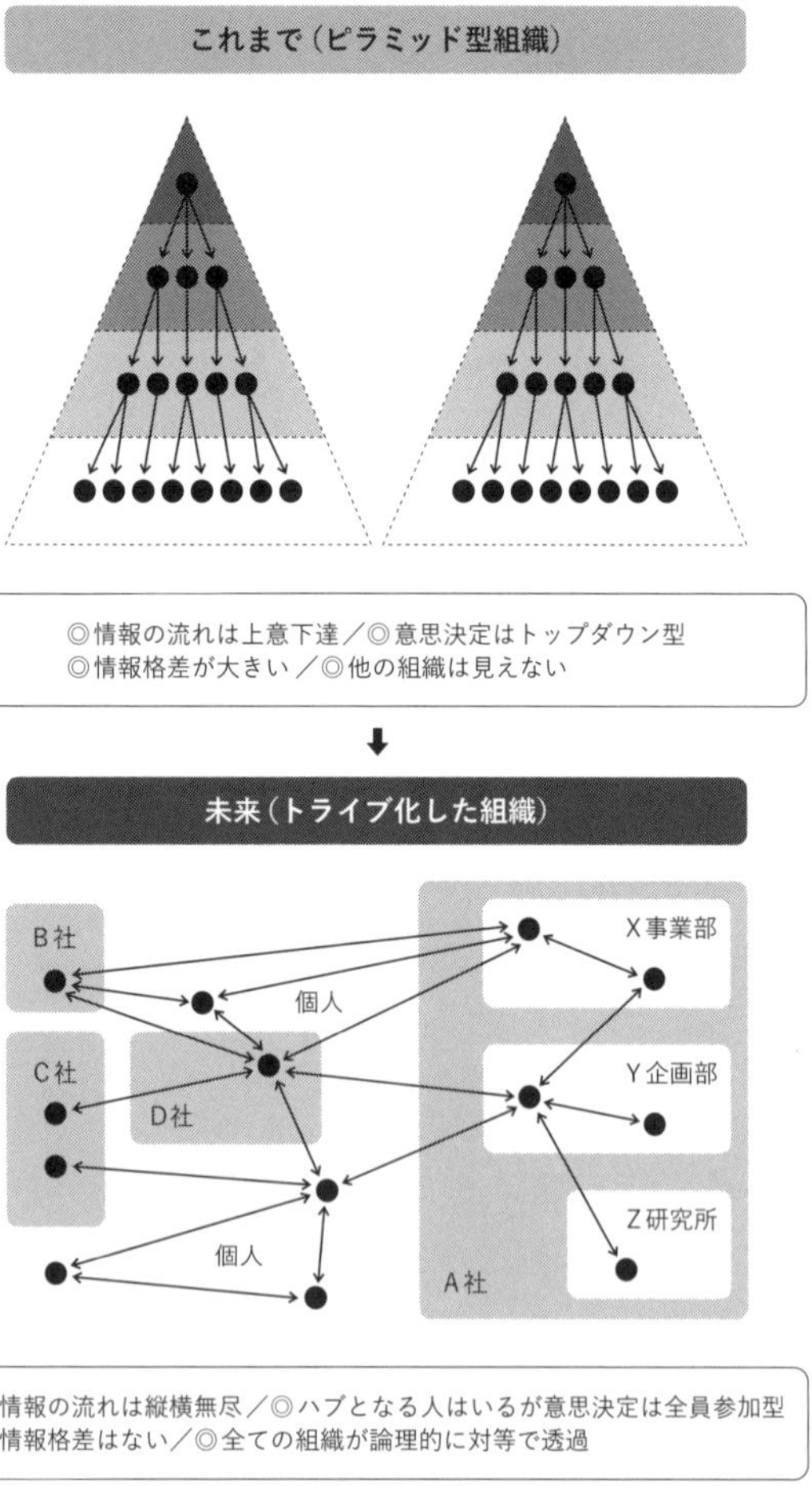
これまで（ピラミッド型組織）
◎情報の流れは上意下達／◎意思決定はトップダウン型
◎情報格差が大きい／◎他の組織は見えない
未来（トライブ化した組織）
B社
C社
D社
個人
個人
X事業部
Y企画部
Z研究所
A社
◎情報の流れは縦横無尽／◎ハブとなる人はいるが意思決定は全員参加型
◎情報格差はない／◎全ての組織が論理的に対等で透過

とを意味します。

つまり会社は、目的やビジョンを共有した個人が、集って成果を出すための環境を提供し、集まった個人はその目的やビジョンのために仕事をすることで貢献し、成果に見合った報酬を得るということです。在宅勤務や兼業・副業を推進しようとする際に、現行の勤怠管理や人事評価の仕組み、従来の指揮命令系統や職務権限の考え方がそれを阻むケースがあちこちで見られます。多様な人材が貢献するトライブ化した組織では、そのような問題を気にする必要はありません。

従来の意思決定の方法が通用しなくなる

多くの伝統的大企業で大きな意思決定を下す方法として最も多く用いられているのが「会議」という手法です。特に、事業戦略や投資などに関する重要な意思決定は、経営会議や役員会といった上級管理職をメンバーとする会議で下されます。そして、そこで決断される際の判断基準は、こうした上級管理者の経験やこれまでの成功体験をベースとしたものになりがちです。

しかし、このような会議には重大な欠点が存在します。それは、メンバーの経験や思考が似通っているため、偏った決断を下す確率が非常に高いという点です。実際のところ、国内の伝統的大企業における重要な意思決定は、転職経験がなく、大きな失敗を犯すことなく社内の地位を築いてきた50歳代以上の男性を中心としたメンバーで構成される会議で下されています。社内で最もダイバーシティが不足し、テクノロジーの視点が欠如しているのが経営会議ではないでしょうか。また、上級管理職が意思決定した戦略や投資判断は、往々にして彼らの目の黒いうちに本人以外の人が変更することは極めて困難です。

従来のビジネスにおいて成功体験を持ち、テクノロジーを熟知しているわけではない上級管理職が、目まぐるしく変化するデジタルの時代に正しい判断を下せるとは到底考えられません。フラットな組織を構成し、テクノロジーとビジネスの現場を知るメンバーの意見を反映したオープンでフラットな意思決定を採り入れることが重要です。

グーグルでは、会議を待たずに決断できることはどんどん決断し、意思決定のために議論が必要な時はそのことが判明した時点で速やかに会議を設定するようにしています。また、本当に必要なメンバーのみで徹底的な議論を行うために会議の参加者は最大8人としています。また、同社では、エンジニアをはじめとする優秀な人材はスマートクリエイティブと呼ばれていますが、誰よりも技術的な知見を持ち、ユーザー目線、あるいは消費者の視点から見ることができる彼らの意見を尊重し、主体性を持った行動をサポートするのが経営者の役割だと考えています。

02

Digital Transformation

デジタル時代に求められる組織カルチャー

デジタル時代に求められる6つの組織要件

ピラミッド型の階層組織、上意下達の指揮命令、過去の成功体験に基づく意思決定など、高度成長期に形成された日本的経営モデルとそれを支えてきた組織カルチャーは、大量生産を前提とした時代には合理的でしたが、デジタルを前提とした時代には不適合と言わざるをえません。デジタル化の浸透によって時間的制約や物理的な限界が取り払われるなか、企業はこれまでと同じ事業や戦略では生き残れないという危機感を持ち始めています。不確実性の時代といわれる今日は、過去の成功体験や先行事例に基づいて立案した戦略や、過去に生み出された競争優位性が何年にもわたって有効に機能する時代ではなくなっているのです。これは、企業は新しい価値を生み出し続けなければ生き残れないことを意味し、そのためにはこれまでの常識を捨て去らなければなりません。

どこにいても業務遂行できるリモートワークを支える通信環境、協調的な作業を促進するコラボレーションシステム、業務の進捗やパフォーマンスを見える化するツールなどテクノロジー側の準備はおおむね整っています。そうしたテクノロジーの恩恵を最大限に活用し、新たな価値を創出していくためには、デジタル時代に適合した組織カルチャーへの転換が求められ、それを維持していくためには、組織カルチャーを支えるテクノロジーを駆使した仕組みが必要です。

デジタル化が高度に浸透すると、DXの本質的な意味にも変化が生じるということは第1章でも述べましたが、これまで、「手段」と位置づけられていたデジタル技術やデータは、今後は「前提」に変わります。すなわちDXの本質は「デジタル〝で〟企業を変革する」のではなく、「デジタル〝に〟適合した企業に丸ごと生まれ変わらせる」ことを意味します。

具体的に言うと、働き方や社内の業務プロセス、意思決定や組織運営の方法、顧客との取引や接点、ビジネスモデルなどすべてが、デジタルを前提として組み立てられている企業が、ここでいう「デジタル〝に〟適合した企業」であり、今後の目指す姿といえます。そして、その姿を維持していくため土台としてデジタルに適合した組織カルチャーを手に入れることが求められます。

『両利きの組織をつくる』（加藤雅則他著、英治出版）では「『組織カルチャー』とは、企業理念や価値観・社風といった概念のことではない。具体的な『仕事のやり方』のことである。その組織で観察される特有の『行動パターン』であり、行動を規定している『組織規範』を反映しているものだ。『仕事の作法』とも言えよう」と述べています。すなわち、デジタル時代の組織カルチャーとは、デジタルを前提とした人々の行動パターンとそれを規定する組織規範を意味し、その要件は、以下の6点に集約されます（図4－4）。

①ＤＸの本質と変革の必要性への理解
②創造的な活動の自由と支持
③ファクトに基づく意思決定
④人材の多様性と組織のトライブ化への対応
⑤個人の組織への貢献の可視化と正当な報奨
⑥リスクの許容と失敗からの学習

図4−4：デジタル時代の組織カルチャーの6つの要件

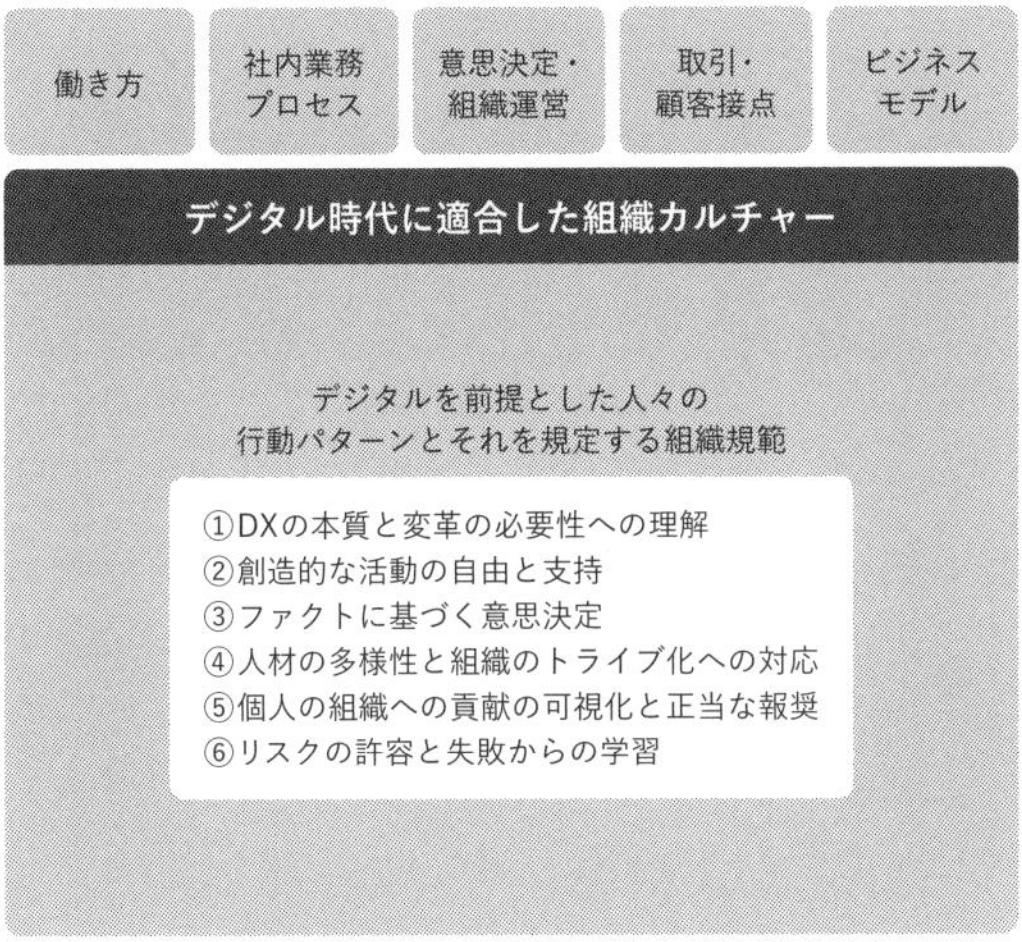

さて、デジタル時代に適合した組織カルチャーへの転換が必要だということがわかったとしても、自社のどのような部分が不適合なのか、どこに注視して変革を推進していけばよいかがわからないということもあるでしょう。

そこで、自社のＤＸに向けた組織カルチャーの成熟度を確認するための簡易チェックリストを作成してみました（図4－5）。

チェック項目は、ここで述べたデジタル時代の組織カルチャーの6つの要件に沿って分類されています。回答をスコア化してみて総合計が半分（18点）未満の場合は、デジタルに適合し

図4−5：デジタル時代の組織カルチャーの成熟度チェック

分類	チェック項目	選択肢 まさにあてはまる	選択肢 ややあてはまる	選択肢 あてはまらない	スコア	分野別集計	総合計
①	経営者は、デジタル化の本質と変革の必要性を理解している	2	1	0			
①	事業部門の現場のスタッフの多くは、ITやデジタル技術の活用に抵抗がない	2	1	0			
①	事務的業務において、手作業や紙ベースの業務がほとんどない	2	1	0			
②	自分またはチームの判断で、創造的な活動を自由に行う時間が与えられている	2	1	0			
②	自分またはチームの判断で、創造的な活動を行うための予算権限が与えられている	2	1	0			
②	挑戦する人材のモチベーションを向上させるための評価制度や報奨制度がある	2	1	0			
③	事業や投資に関する重要な意思決定は、データに基づいて行われている	2	1	0			
③	一般社員の意見や提案を吸い上げるための活動を行ったり、そのための仕組みがある	2	1	0			
③	顧客、市場、競合他社の状況などを全社員が参照できる情報共有の仕組みがある	2	1	0			
④	テレワークや兼業・副業などの多様性のある働き方が認められている	2	1	0			
④	役職や経験年数に関係なく自由に発言でき、対等に議論できる	2	1	0			
④	自分またはチームの判断で、外部の組織や個人と共同研究や協業が始められる	2	1	0			
⑤	特定の専門知識を持つ人材を処遇する制度(エキスパート職制度など)がある	2	1	0			
⑤	仕事の評価や報酬を決定する基準は、労働時間ではなくアウトプット(成果)である	2	1	0			
⑤	全社員のスキルや経験がデータとして一元化され、必要に応じて誰もが参照できる	2	1	0			
⑥	プロジェクトを失敗させても、評価が下がったりせず、次のチャレンジの機会が与えられる	2	1	0			
⑥	プロジェクトや事業で失敗した際、事実や原因が総括され、社内で共有されている	2	1	0			
⑥	自社には、新しい事業やサービスに果敢にチャレンジすることをいとわない雰囲気がある	2	1	0			

た組織カルチャーにおいて未成熟であると考えられます。また、6つの分類の中で特にスコアが低かった領域については、以降の6つの項を参考にして自社の現状と比べながら読み進めてみると課題が浮かび上がるのではないでしょうか。次からは、デジタル時代に適合した組織カルチャーの6つの要件をひとつひとつ見ていきましょう。

DXの本質と変革の必要性を理解する

デジタル時代の組織カルチャーを手に入れるには、まず、経営者を含む誰もがDXの本質と変革の必要性を理解していなければなりません。

国内企業には「ITやテクノロジーは苦手だ」「担当者に任せている」という経営者が少なくありません。また、ビジネスの最前線にいる営業部門や事業部門にも、テクノロジーの活用を他人事と捉えているスタッフが存在します。たとえば、AIの適用分野を探そうと社内をヒアリングして回っても、現場のスタッフがそもそもAIで何ができるのかがわからないためニーズが出てこないといったことが起こっています。

経営者や現場スタッフは、ITやデジタル技術の専門家や担当者ではないので、実務

図4−6：DXの本質と変革の必要性への理解

DXの本質	◎社会は経済は、これからどのように変わっていくのか？ ◎デジタルが浸透した社会とはどのようなものか？ ◎自社にとってDXとは本質的に何を意味するのか？
DXの必要性	◎自社にとってDXは本当に必要なのか？ ◎DXを進めなければ自社はどうなるのか？ ◎自社にとってディスラプター（破壊者）は誰なのか？
DXで目指す姿	◎DXによって自社はどのような企業を目指すのか？ ◎目指す姿となるために、何が足りないのか？ ◎自社の何を残して、何を捨てる（変える）のか？

的に詳細な知識が必要なわけではありません。しかし、デジタル化がもたらす本質的な価値と無限に広がる可能性については誰もが理解していなければなりません。

まずは、なぜＤＸが必要なのか、自社がＤＸによって目指すべき先はどこなのかを組織の階層を問わず全員が腹落ちするまで議論し、「思い」を共有することが求められます（図４－６）。

デジタルが浸透した世界では、ＤＸ推進部門やＩＴの担当者だけでなく、誰もがデジタルを前提にビジネスや業務のあり方を考えなければならなりません。組織全体のデジタル感度を向上させることが重要です。

国や業種を問わずデジタルを駆使したビジネスを推進している先進的な企業や、デジタルによって業務や組織運営を変革している企業から学ぶことが重要です。特にこれからは、同業他社だけでなく異業種や新興企業の動きにも注目することが求められます。

創造的な活動が自由に行えて、支持される

誰もがテクノロジーの価値と可能性を理解したうえで、デジタル技術の活用を前提にビジネスや業務のあり方を考え、新たなビジネスを創出したり、業務を抜本的に変革したりしていくためには、日常の業務に埋没することなく、新たな価値の創出のために何らかの行動を起こすことが必要です。そして、それは誰かからの指示や命令によるものではなく、自発的に行われることが望ましい姿といえます。

このような創造的な活動を自由に行うことができ、経営者や周囲の人たちからも支持され、協力を得ることができ、そしてそのような活動の成果が称賛されるような環境を持つことがデジタル時代の組織カルチャーの要件といえます。

図 4−7：創造的な活動の自由と支持

また、それを実現するためには、自分で時間をコントロールする権限、予算を執行できる権限、組織や人的リソースを動かす権限などが一定の範囲内で委譲されている必要があります（図4−7）。

テクノロジーは日々進化していますし、新たな技術や革新的な応用方法も次々に生まれています。それらを調査研究したり、適用性を検証したりするような取り組みを誰もが自由に行えることが重要です。

グーグルやアマゾンのようなデジタルネイティブ企業は、まさにこれを実践しています。たとえば、グーグル社員が業務時間の2割を個人的にやりたい仕事にあてることができる「20%ルール」は有名です。また、1人1回175ドルまで社員が社員にボーナスを支給できる「gサンクス」制度は、従業員一人ひとりが主体的に動くことを促進する役割を果たしています。社内にトライブ化した「ミニシリコンバレー」のようなエコシステムが形成され、誰もが創造的な活動を興したり、支援したり、拡大させたりできる場を作ることが有効なアプローチの1つです。

すべての意思決定はファクトに基づいて行われる

意思決定のあり方、すなわち誰が、どのような情報をもとに、どのようなプロセスを経て意思決定するかは、組織カルチャーを左右する重要な要素の1つです。

日々テクノロジーが進化し、ビジネスの状況がめまぐるしく変わる時代において、組織における意思決定はこれまでにないほどスピードが求められています。このような状況下で、迅速かつ適正な判断を下すためには客観的なデータに基づく議論が重要となります。

そのようなマネジメントはデータドリブン経営などと呼ばれていますが、これを実現す

図4−8：ファクトに基づく意思決定

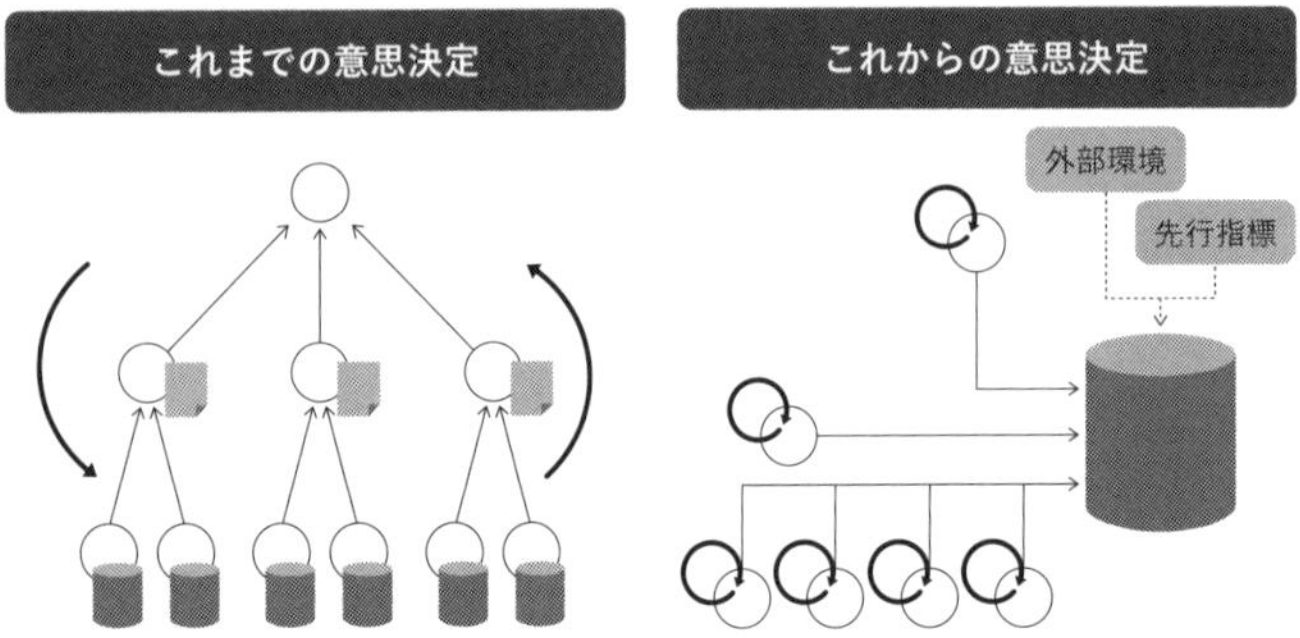

オペレーションの結果
（過去データの集計）を
上位に報告し、
それをもとに意思決定がなされて、
下位に指示が下される

どの階層も現在の状況
（最新の詳細データ）や
先行指標を参照し、
即時に意思決定がなされて、
即座に実行される

るためには、すべてのファクト（データ）が全社員から同一かつ透過に見えなければなりません。業績や成果を示す売上やコストなどの過去の定量的データだけでなく、それらの先行指標となるあらゆる業務活動の進捗や経過、今後を左右する市場や顧客を含む外部環境に関する情報などがリアルタイムに収集され、可視化されていることが求められます（図4−8）。

これは言うほど簡単なことではありませんが、時間をかけてでもこのようなデータ基盤を整備しなければなりません。

企業では、これまでも販売管理シス

テムや在庫管理システムなど、さまざまな業務システムを構築し、データを管理してきました。しかし、これまでのシステムは、個別の業務を滞りなく遂行するために最適化されており、それぞれ分断された状態で管理されています。営業部門の引き合い情報が、製造担当者からは参照できないため、生産計画と実績がいつも乖離するといったことが頻繁に起こります。一般的に企業の経営管理では、オペレーションの結果（過去データ）の集計（サマリ情報）がマネージャーなどの上位者に報告され、さらにそれらを集計したサマリ情報が経営者に報告され、最終的に経営会議などで意思決定がなされて、指示が下されるという経路をたどります。その時間間隔についても週次や月次であり、だいぶ前の情報を見ているに過ぎません。

また、顧客との商談のやり取りや個人の日々の活動など、データ化されていないものも存在します。たとえば、「A社は30年来の長い取引先で、納期についても時々無理を聞いてもらっている」という商取引の上で大切な定性情報は、ベテラン社員の頭の中にしか入っていないかもしれません。しかし、この情報をデジタル化し、データベースに書き込んでおけば、社内の誰もが検索して参照することができ、正しい意思決定の助けになるはずです。

どの階層も現在の状況（最新の詳細データ）や先行指標を参照でき、即時に意思決定がなされて、即座に実行されなければなりません。アマゾンでは、意思決定に必要なデータがすぐに取り出せるように、社員なら誰でもアクセスできるデータベースが準備されています。同社では、顧客満足度に関する分野だけでもマーケティング、開発、ユーザーサポートなどさまざまな場面で、在庫率、顧客サービスの不満足度、荷物の追跡可能率など500以上に及ぶ指標を活用してデータに基づいた意思決定を行っています。

人材の多様性と組織のトライブ化に対応できている

今後、少子高齢化によって日本人の就労人口が減少することが懸念されていますが、企業は人材の不足を補うために高齢者、結婚・出産後の女性、外国人などの雇用を促進すると考えられます。

就労者のダイバーシティが進行するに従って、多様な雇用形態や就労形態に対応した職務環境を提供することが求められるでしょう。パートタイムの就労者や期間雇用の契約社員など雇用形態が多様になるだけでなく、在宅勤務、非常勤、副業・兼業といった自由度の高いワークスタイルもより一般的になっていくでしょう。また、そのような働き方が提供できなければ、優秀な人材を集めることがますます困難になっていくと考えられます。

特に、デジタルを前提としたビジネスにおいては、事業や業務のすべてを従来のように社内の固定的な組織だけで完結して遂行するのではなく、他社との協業や業務提携、企業や業種の枠を超えたエコシステムの構築、アウトソーシング、合弁、吸収合併などによって実現していく割合が増加し、ビジネス環境の変化に迅速かつ柔軟に対応するようなダイナミックな組織運営が求められるようになります（図4－9）。

未来のトライブ化した組織では、資金、設備、人材などをメンバーが持ち寄ったり、その都度調達したりします。メンバーの関係も、発注者と受注者という関係ではなく、起案者と協力者であったり、共同出資者や共同事業体であったりするでしょう。企業は、こうした人材の多様性と組織のトライブ化に対応できなくてはなりません。

今や巨大企業となったアマゾンでも、自前主義にこだわる部分と、大胆に外部を活用する脱自前主義のメリハリを巧妙に組み合わせた戦略を展開しています。これは人材の多様化と組織のトライブ化を前提として、他社を巻き込むことのメリットと、他社に依存する

図 4−9：人材の多様性と組織のトライブ化への対応

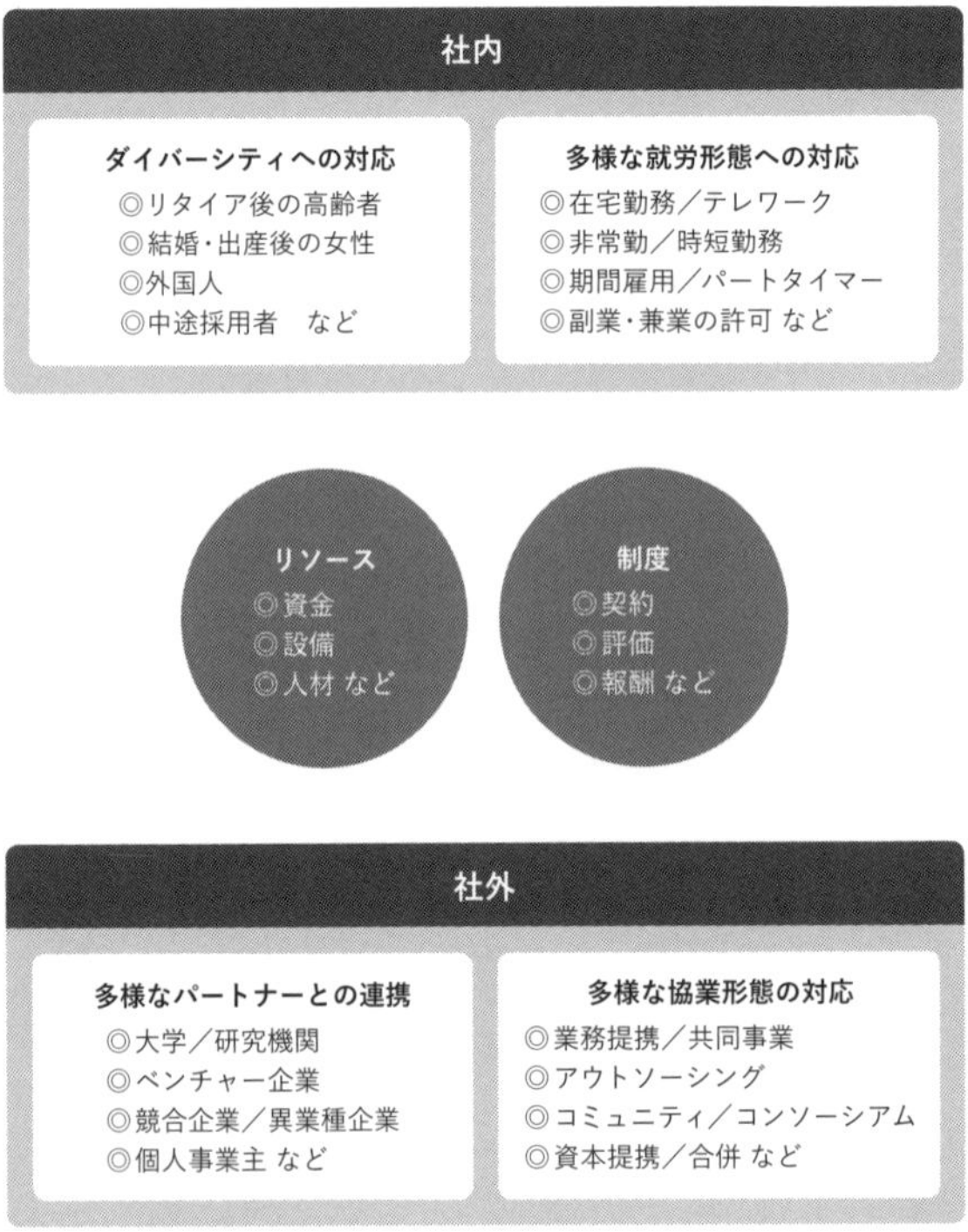
社内
ダイバーシティへの対応
◎リタイア後の高齢者
◎結婚・出産後の女性
◎外国人
◎中途採用者　など
多様な就労形態への対応
◎在宅勤務／テレワーク
◎非常勤／時短勤務
◎期間雇用／パートタイマー
◎副業・兼業の許可 など
リソース
◎資金
◎設備
◎人材 など
制度
◎契約
◎評価
◎報酬 など
社外
多様なパートナーとの連携
◎大学／研究機関
◎ベンチャー企業
◎競合企業／異業種企業
◎個人事業主 など
多様な協業形態の対応
◎業務提携／共同事業
◎アウトソーシング
◎コミュニティ／コンソーシアム
◎資本提携／合併 など

ことのリスク、自前で持つことのメリットとデメリットを天秤にかけ、柔軟に組織を運営しているからにほかなりません。

個人の組織への貢献を可視化し、正当な報奨を与える

人材が多様化し、組織がトライブ化するに従って、従業員の在籍、所属組織、場所などがより流動的なものとなり、それにより組織に対する帰属意識や、評価と報酬に対する考え方にも変化が生じることでしょう。

企業と個人は「雇用主と就労者」という関係ではなく、ビジョンと目的を共有し、約束事に基づいた緩やかな共同体のような関係になっていきます。企業は、個人に対して成長や挑戦の場と機会を提供し、個人は顧客や組織内の他者に対して何らかの貢献を返すことで報酬を得ることとなります。いうまでもなく、報酬は就労していた時間に対して支払われるものではなく、貢献の度合いで評価されることとなります。グーグルでは報酬についても、優秀な人材は会社が思っている以上に優秀で、会社が支払う報酬以上の価値があるという信念を持っています。同社では「報酬は不公平に」という原則に基づき、ほぼすべ

ての職位で報酬の差が3～5倍になることも珍しくないといいます。

貢献に報いるためには、個人の貢献の度合いを可視化する必要があります。グーグルやフェイスブックで採用されているOKR（Objectives and Key Results）はその1つの方法です。OKRでは、定性的な目標（Objectives）と定量的に測定できる主要な成果（Key Result）を設定し、1か月から四半期程度の短いサイクルでその達成度を評価します。

従来の目標設定でよく使われるものにKPI（重要業績評価指標）がありますが、目標達成のための中間指標を設けるという点では、OKRとKPIは似ています。OKRとKPIの違いは、KPIはプロジェクトや部署単位で設定し、運用するのに対し、OKRは経営者を含む全社で共有し、コミュニケーションを図ることで、全部署・全社員を会社の目標達成に向かわせる点です。会社全体の主な成果は各部門の目標に対応し、部門の成果は個人の目標に紐づくため、個々人の成果と会社の目標のつながりが理解しやすく、全社員が会社の目指す目標へと向かうことを促します。

またOKRでは、やや難易度の高い目標を設定します。したがって、従来のKPIが人の管理や評価のために活用されるのに対して、OKRはイノベーションのような挑戦的な取り組みに対して、人材を鼓舞し、必要な協力や相互支援を促します（図4－10）。

図 4−10：個人の組織への貢献の可視化と正当な報奨

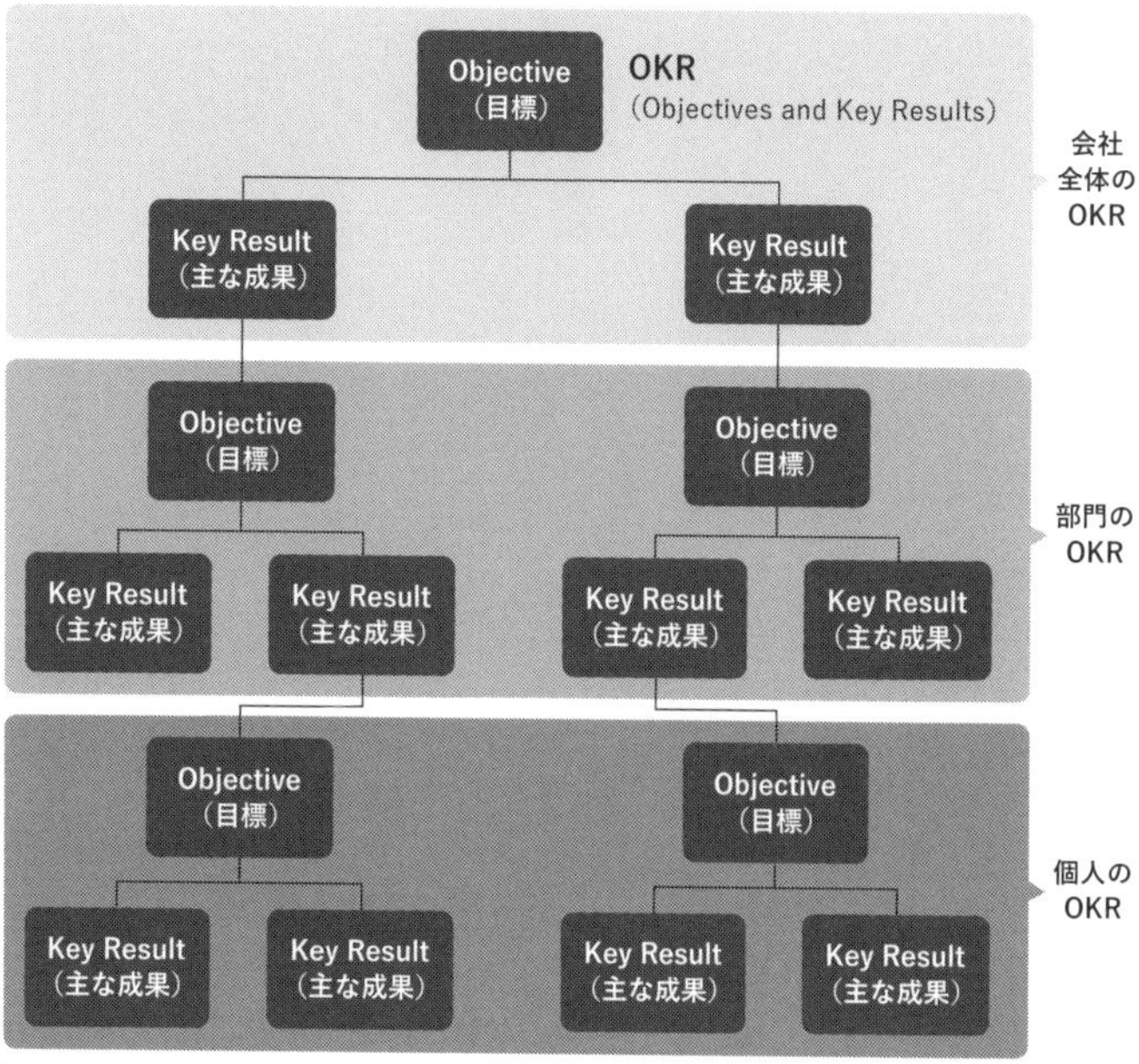

	従来のKPIによる管理	OKR
目的	目標を達成するための プロセスをチェックする	目標を全社的に共有し、 コミュニケーションを活発化させる
運用・共有の範囲	プロジェクトや部門単位	経営者を含む全社員
レビュー頻度	プロジェクトごとに設定（年1回など）	月1回～四半期に1回
目標の難易度	100%の達成を前提とした目標	60～70%達成できるやや困難な目標
活用場面	個人やチームの活動を管理し、 評価する	目標達成に向けて協力・ 相互支援する

リスクを許容し、失敗から学習する

リスクを取って新しいことにチャレンジするためには、失敗に重きを置く文化も重要であり、リスクの捉え方も組織カルチャーの重要な要素です。

従来の企業では、ほとんどのプロジェクトは成功させなければならないと考え、そのために綿密な計画を立て、実現性や効果について事前に十分に審議します。もちろん、計画時点でリスク要因を考慮しますが、それは失敗するリスクを最小限に抑えるためです。往々にして不確実性が高い領域にはチャレンジせず、リスクが大きそうなプロジェクトは実施しないという判断が下されます。結果として、経験豊富な領域に集中投資する傾向が強まります。

しかし、不確実性の高いビジネス環境で、新しい取り組みにチャレンジするには、行動するリスクと行動しないリスクとを比較し、ポートフォリオで管理しなければなりません。ポートフォリオ管理とは、１つ１つの案件を個別に評価するのではなく、その集合でのバランスを考慮に入れて検討し、合理的な取捨選択や優先順位を導き出して、最適な意思決

図4−11：リスクに対するポートフォリオ管理

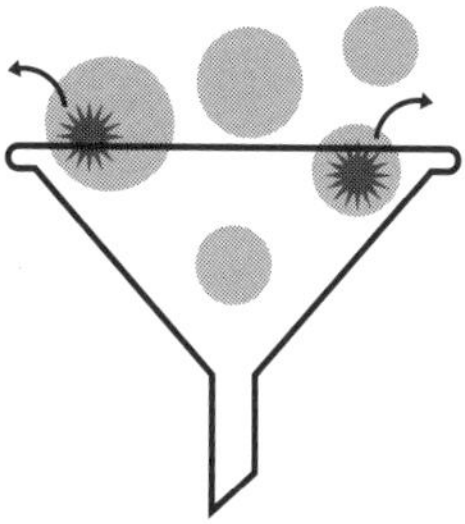

案件ごとにリスクを評価し、
不確実性が高い領域にはチャレンジせず、
リスクが大きそうな
プロジェクトは実施しない

1つ1つの案件ではなく、
集合でのバランスを考慮に入れて検討し、
合理的な取捨選択や
優先順位を導き出す

定を図るマネジメント手法のことです（図4−11）。したがって、成功するプロジェクトは全体の2割で、8割は失敗するとことを想定して未知の領域に分散投資することもあります。

「アマゾンは世界一の失敗をする企業である」とCEOジェフ・ベゾス氏が述べています。グーグルでは、アイデアがうまくいかないとわかったらすぐに中止して撤退するチームは感謝され、また昇格やボーナスを与えられます。その失敗から早く立ち直り、それをもとに学習することを重視しています。

03

Digital Transformation

組織カルチャーを変革するための施策と仕組み

組織カルチャー変革に向けた5つの施策

前に述べたように「組織カルチャー」は「仕事のやり方」であるとするならば、それを変えるためには「仕事のやり方」を支える仕組みを変えることが有効なアプローチとなるはずです。企業で活用されるITは、これまでも仕事のやり方を変えるための仕組みを提供してきましたが、それをさらにデジタルを前提としたものに抜本的に変更するには、以下の5つの施策が考えられます(図4-12)。

1つ目は、意識に関わる施策です。デジタル時代に適合した組織カルチャーを手に入れるためには、まず経営者を含む全社員のデジタル技術に対する感度を高めなければなりま

図 4–12：組織カルチャー変革に向けた5つの施策

意識 全社員の デジタル感度の向上	デジタル化の本質的な価値と無限に広がる可能性を正しく理解し、 自ら興味を持って積極的に向き合う姿勢を醸成する
制度 変革の促進と 旧来制度の見直し	働き方、業務管理、人事などに関する従来の制度で、 変革を阻害する要因を取り除き、促進するものを取り入れる
業務 付加価値業務の 量と質の向上	オペレーション業務に費やしていた時間を短縮し、付加価値業務に 振り向けるとともに、両方の業務のアウトプットを最大化する
意思決定 意思決定の 民主化と自動化	大きな意思決定を民主化する仕組みと、 日々の小さな意思決定を自動化する仕組みを構築する
人材 個人の成果と貢献の 見える化	個人の目標とそれに対する成果や貢献を見える化し、 それに見合った報酬を提供する

せん。デジタル技術への感度は、ＩＴに関する知識やパソコンなどの操作スキルを指しているのではありません。デジタル化がもたらす本質的な価値と無限に広がる可能性について正しく理解し、自ら興味を持って積極的に向き合う姿勢を意味します。

２つ目は、制度に関わる施策です。企業には、さまざまな社内規定や制度があります。それらは、企業を適正に統治し、従来の事業を円滑に推進するために作られてきましたが、ＤＸの推進において必ずしも有効であるとは限りません。ＤＸを促進させる制度の新規採用と、阻害する既存社内制度の緩和の両面で変革が求められます。

3つ目は、業務に関わる施策です。企業の業務には、新しい製品やサービス、顧客体験、需要を生み出すような付加価値業務と、その価値を確実に生産したり、届けたり、それらを管理したりするオペレーション業務があります。まずはオペレーション業務の徹底した自動化・省力化によって時間的余力を創出し、付加価値業務に振り向けます。そして、オペレーション業務と付加価値業務の両方において、デジタル技術を活用して品質や精度を高め、アウトプットを最大化します。

次に、組織カルチャーに大きな影響を及ぼす意思決定のメカニズムを変革することです。企業の意思決定には、新規の取り組みや投資を伴う大きな意思決定と、日々の事業活動の中で行われる小さな意思決定の2つのタイプがあります。4つ目の施策は、大きな意思決定を民主化する仕組みと、小さな意思決定を自動化する仕組みを構築することです。

5つ目の施策は、人材に関わる施策です。誰もがモチベーションを持って、挑戦したり活躍したりできるように、個人の役割や目標、それに対する成果と貢献を見える化する仕組みを持つことです。

テクノロジーを日常と感じられるような環境を企業内に作る

まずは、意識に関する施策から考えてみましょう。デジタルな組織カルチャーを手に入れるためには、まず経営者を含む全社員の意識を変革し、デジタル技術に対する感度を高めなければなりません。そのためには、一人ひとりが生活や仕事の中で自己啓発的にデジタル技術に向き合うだけでなく、デジタルの本質的な価値と無限に広がる可能性を理解するための機会や場を提供する仕掛けづくりが必要となります。

一般に、人は日常的に目にし、触れているものには順応します。たとえば、ほとんどの人がＩＣカードにお金をチャージして、駅の改札を当たり前のように通過しています。テクノロジーは、環境といえるほど浸透していれば、誰もが意識することなく活用し、恩恵を受けることができます。

つまり、テクノロジーを日常と感じられるような環境を企業内に作ることが、全社員のデジタル感度を高める早道となります。ＤＸを組織カルチャーといえるまで浸透させた企業では、組織内の不合理なプロセスが徹底的に排除され、テクノロジーを駆使して地理的に離れていても協働できる環境が整っています。手書きや紙ベースの書類、手作業、目視、対面など、物理的な業務をテクノロジーによってすべて置き換え、電子化、仮想化、自動化することができれば、企業内の業務プロセスは再定義され、それを前提に再構築されるはずです。もちろん、接客、運送、組立て作業など物理的な業務が必要な場面もあり、すべてを電子化、仮想化、自動化できるわけではありません。しかし、テクノロジーを前提に発想すればそれらを最小限にすることは可能です。現代のテクノロジーを持ってすれば、時差と一部の体感以外のリアル世界のほとんどの事象は、バーチャルに再現できるのです。

しかし、テクノロジーを活用して、あらゆる業務を電子化、仮想化、自動化したとしても、企業の競争優位性が確保できるというものではありません。すべての企業が同じことを行ったら、その時点で優位ではなくなります。

第1章でも述べたように、デジタルが浸透した社会や経済環境での競争優位性とは、他社との比較においての優位性ではありません。デジタルで新しい競争原理を創り出すことが求められるのです。すなわち、デジタルを前提として新しい製品やサービス、ビジネスモデル、顧客体験、需要を生み出していかなければなりません。したがって、テクノロジーに置き換えられた仕事に費やされていた従業員の時間を、より創造的な業務に振り向けることで、新たな競争原理を生み出し続けていくことが求められます。その際にも、人々が新たな価値を創出するための機会や場を提供する仕組みづくりが必要です。

たとえば、アイデアを提案し、その価値を検証し、洗練させるバーチャルラボのような場を創設することも1つの方法となります。それは、ボランティア開発者がインターネットを介して共同開発するオープンソースソフトウェア（OSS）のコミュニティと似ています。誰かが起案したアイデアを、ほかの誰かがテストしたり、試作品を作ったりしながら有効性や実現性を検証し、洗練していくことができる環境が求められます。その環境を活用して、異なる視点や専門性を持った多くの人材が、目的を共有しながら参画することが有効です。そのためには、許可された社外の人材を含めて、社内の誰もがアクセスできる環境であることが望まれます。

ふくおかフィナンシャルグループでは、地方企業の東京での前線基地や情報収集の場としての活用や、既存企業やスタートアップ企業によるビジネス課題の解決や新たな価値の創出を目指すコワーキングスペース「ダイアゴナルラン」を東京八重洲に開設しています。

また、三菱地所は、産業構造を変革する技術を集積し、共創を促すイノベーション拠点として東京丸の内に「インスパイアード・ラボ」を開設しています。これらは、物理的な施設ですが、このような場をネットワーク上のバーチャルな世界に実現することも可能です。

デジタルと変革を受け入れる制度を整える

デジタルの重要性を認識した社内の個人やDX担当者が、何らかの活動を推進しようとした時に、社内制度の壁に阻まれるということがあります。一定の規模の組織を運営するうえで制度は必要なものではありますが、企業が大きく変わろうとしているのに、制度だけが変えられない硬直化したものであっては、本末転倒と言わざるを得ません。

DXの推進に向けた制度の変革には、大きく2つの方向性があります（図4－13）。

1つは、DXを推進しやすくするための制度を新しく導入することです。人材やアイデアを社内から広く集める社内公募制度や提案制度などが有効な場合もあります。また、AIなどの先進技術の専門家を採用しやすくしたり、社内の専門的人材が流出したりし

図4−13：DXに向けた新規制度の設置と既存制度の改定

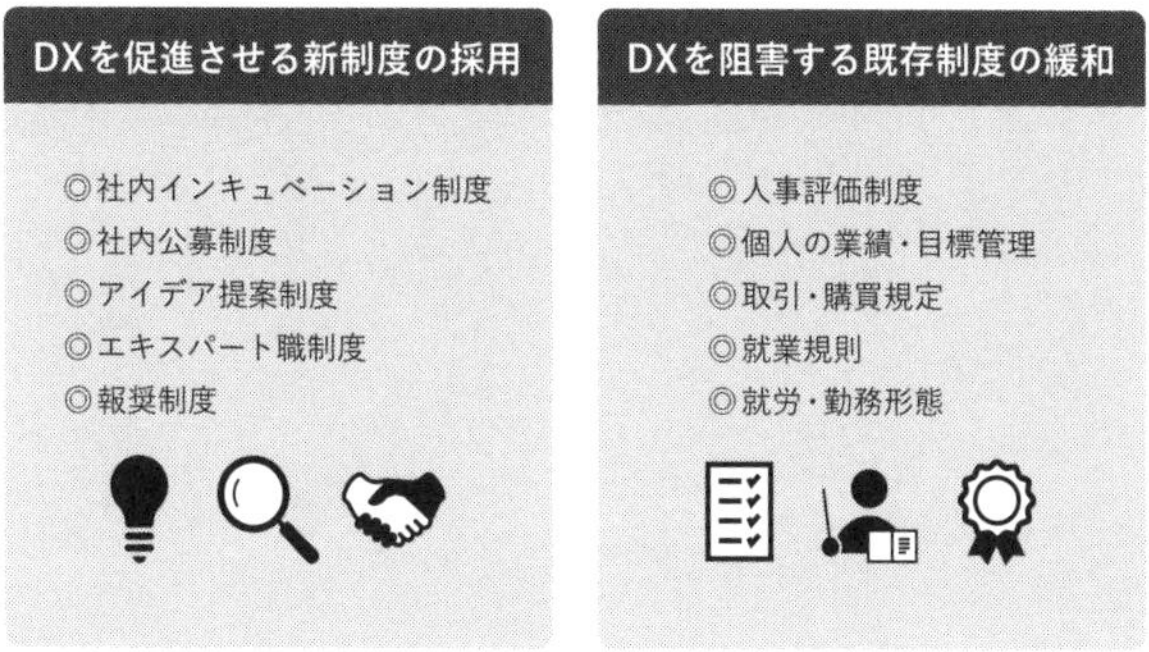

DXを促進させる新制度の採用	DXを阻害する既存制度の緩和
◎社内インキュベーション制度 ◎社内公募制度 ◎アイデア提案制度 ◎エキスパート職制度 ◎報奨制度	◎人事評価制度 ◎個人の業績・目標管理 ◎取引・購買規定 ◎就業規則 ◎就労・勤務形態

ないようにエキスパート職を処遇する制度や、挑戦する人材のモチベーションを向上させるための報奨制度など人事的な制度を新設するような例もみられます。

もう1つは、DXの推進を阻害する恐れのある従来の社内規定や制度の一部を廃止したり、緩和したりする方向性です。従来型の企業においては、やみくもに新制度を導入するよりも、既存の制度を緩和する方向で見直すことを優先すべき場合もあります。

DXに向けた活動を活発化するためには、失敗を恐れずに挑戦できるよう人事評価制度や個人の業績や目標管理の考え方を見直すことが有効な場合もあります。外部の研究機関やベンチャー企業との連携をやりやすくするために、取引規定や購買規定を見直さなければならないかもしれません。また、副業・兼業や在宅勤務を容認する働き方に関する規則など、緩和した方が有効な制度が多数あります。

個人や部門長の裁量で行うことができる活動には限界があるため、DXの活動の範囲を拡大し、定着させようとするのであれば、既存の制度を見直したり、一部緩和したりしなければならない場合もあります。また、一度整備した制度であっても、ビジネス環境の変化などによってその有効性が損なわれることもあるため、固定的に捉えることなく、継続的に見直したり柔軟に運営したりすることが望まれます。

付加価値業務の量と質を向上させる

企業の業務には、新しい製品やサービス、ビジネスモデル、顧客体験、需要を生み出すような付加価値業務と、その価値を確実に生産したり、届けたり、それらを管理したりするオペレーション業務があります。まずは、オペレーション業務に費やす時間を低減し、付加価値業務の時間比率を高める必要があります。

多くの企業において、現在の業務量は圧倒的にオペレーション業務に費やされています。デジタル化の時代には、オペレーション業務のほとんどすべてが、画像認識などを含むAI、ソフトウェア・ロボット（RPA：ロボティックプロセスオートメーション）、ハードウェアロボット（ロボットアームや自動倉庫など）によって代替されます。手書きや紙ベースの書類、手作業、目視、対面など、物理的な業務をデジタル技術によって置き換え、電子化、仮想化、自動化します。また、反復的・物理的な作業や事前に手順をプログラム化できる仕事だけでなく、経験を要する仕事や、複数の要素を組み合わせて判断しなければならないような、現場における日常の小さな意思決定業務もその対象となります。

今後、オペレーション業務と付加価値業務のどちらかを問わず、新しい業務プロセスを検討する際には、AIやRPAがその一翼を担うことを前提に設計しなければなりません。

次のステップとして業務量の配分を変えるだけでなく、オペレーション業務と付加価値業務の両方において、業務の質を高め、同じ業務量で生み出すアウトプットを増大させることが求められます。

図 4−14：付加価値業務の量と質の向上

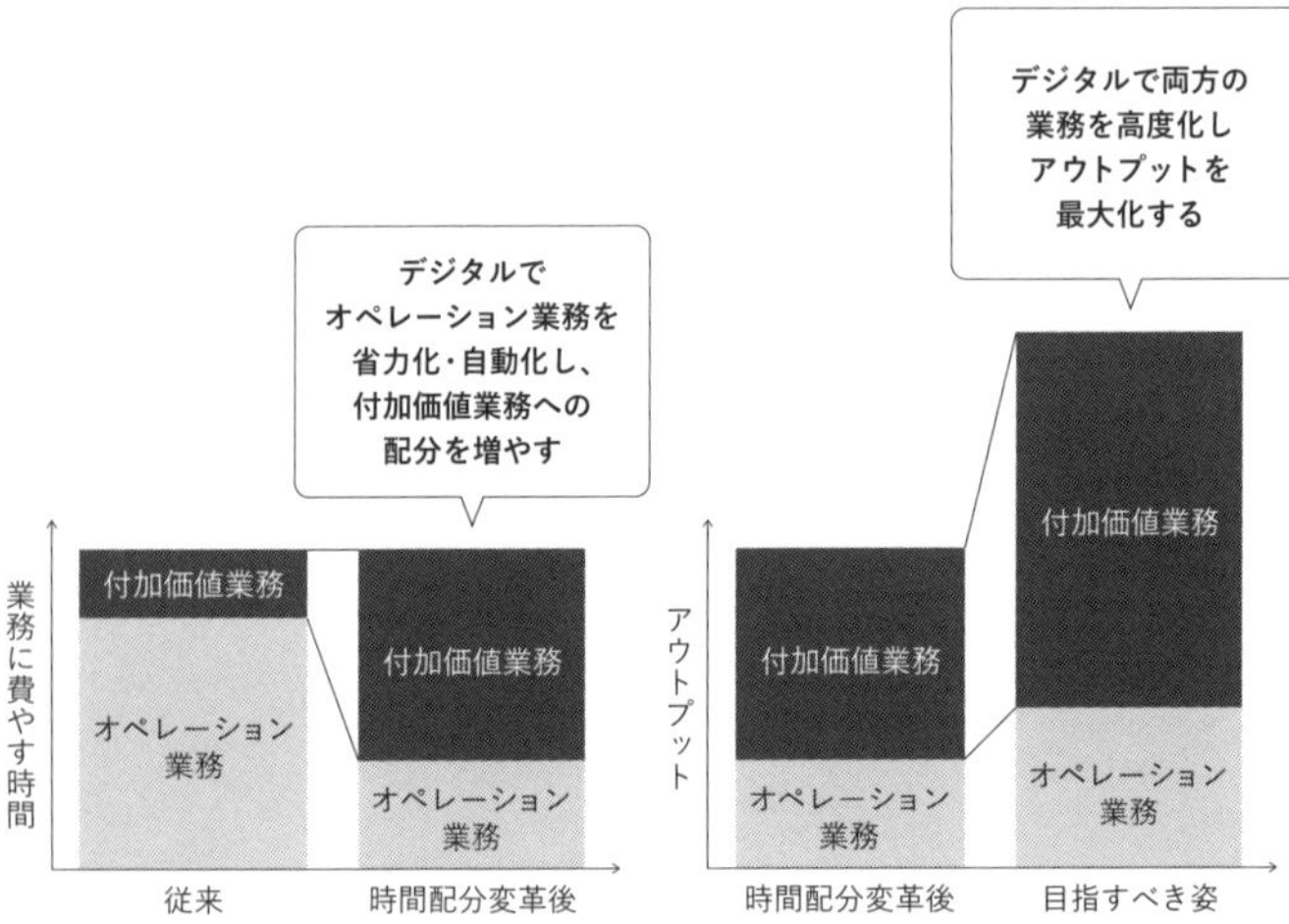

まず、オペレーション業務は、処理や作業がスピードアップするだけでなく、データがデジタル化され可視化されることで、ミスが減り、業務や意思決定の精度や品質が上がります。

そして、付加価値業務の質も高めていかなければなりません。デジタルを活用した創造的な活動を促進するためには、創造的なアイデアが生まれやすい、協調的な作業を行いやすい、データや情報を高度に分析・活用できるといった環境を整えることが求められます。

そのためには、情報や知識の探索や再利用を簡便に行えるツール、社内外の関与者が簡便にアクセスできる情報共有やコラボレーションの環境、データを高度に分析できる基盤などを整備することが求められます。デジタル技術を駆使することで、付加価値業務とオペレーション業務の両方において同じ業務量で生み出すアウトプットを増大することが目指す姿といえます（図4－14）。

意思決定のメカニズムを変革する

組織カルチャーの重要な要素の1つが組織としての意思決定のメカニズムですが、企業の意思決定には大きく2つのタイプがあります。1つは事業上の新規施策への取り組みや投資を伴う大きな意思決定であり、もう1つは日々の事業活動の中で行われている小さな意思決定です。これらに対する判断はこれまで会議や管理者の頭の中で下されていましたが、今後はデータとデジタル技術を駆使した方法に転換することが求められます。組織のトライブ化が進むと、従来のピラミッド型の組織階層や指揮命令系統が崩れ、意思決定の手法やプロセスにも高度化が要求されます。

まずは、事業戦略、新規投資、業務変革といった大きな判断を要する案件における意思決定について考えてみましょう。

ヨーク大学の名誉教授で経済学者のドナルド・トンプソン氏が提唱した考えで、経営や事業における意思決定プロセスに、株式市場のような市場原理を取り入れた手法を「予測市場」と呼んでいます（『普通の人たちを予言者に変える「予測市場」という新戦略』ドナルド・トンプソン著、ダイヤモンド社）。

経営者や一部の専門家が将来を決定するのではなく、全ての従業員が投資案件やアイデアを社内の仮想的な市場に起案します。そして、その事案を誰もが売買することで市場原理に基づく意思決定がなされるというものです。

予測市場を取り入れた組織では、トップダウン型でなく、現場を知るメンバーの意見を反映したオープンな意思決定が主流となり、株価や市況が変動するように、常に軌道修正を重ねながら戦略や戦術が遂行されます。特に、事業戦略、新規投資、業務変革といった大きな判断を要し、リスクを伴うような意思決定については、ピラミッド型の階層組織のように上位者が判断し、下位者が従うという指揮命令系統が十分に機能しないため、よりオープンで民主的な意思決定プロセスを取り入れていくべきという考え方です。社内外の誰もが重要案件を起案することができ、その実行の可否や続行・中断の判断にも参加できます。そして、個々の案件の企業における価値や重要性は株価や市況のように変動し、戦略や戦術はウィキペディアの記述を書き換えるようにその時点で最善と思われるものに軌道修正されます。

今や大企業となったグーグルは2005年からこのような仕組みを取り入れており、グーブル（グーグルとルーブルの造語）という社内仮想通貨を用いて製品の発売日、新しい拠点の開設など会社にとって重要な戦略のほとんど全てをここで判断しています。

一方、現場における日常の小さな意思決定には、よりスピードが求められます。これまでのように情報を収集して上位者に報告し判断を仰ぐというプロセスでは間に合わず、現場のスタッフが自律的に意思決定を下すようにしなければなりません。需要に基づく部材の発注量と発注時期の決定、顧客条件に応じた料金プランや値引き率の導出、リテンション率の推移によるキャンペーンやマーケティング・プロモーションの続行可否判断、といったビジネスルールが明確な意思決定事項については、数学的アルゴリズムやシミュレーションを活用することで自動化できる部分が多いでしょう。あらかじめしきい値を設定し、それを超える異常値が発生した時のみアラートを発し、人が判断するという方法も考えられます。

例外的な対応、複合的な条件要素を含む場合、感性・感情を重視した意思決定などについては、依然として人間が下す必要があるでしょう。その場合においても、過去の事例や傾向を示すようなデジタル化されたデータによって意思決定を支援することができます。自動または人的な意思決定によって導き出された結論や行動の結果を、実績データとして蓄積し、それを分析にフィードバックすることで意思決定の精度はさらに高まっていくはずです。

予測市場の考え方を取り入れることで大きな意思決定を民主化したり、ビジネスルールに基づいて小さな意思決定を自動化したりするためには、テクノロジーを活用して意思決定プロセスを仕組み化することが求められます（図4－15）。

たとえば、意思決定の民主化においてはメンバーが意思決定事案に対して意思表示をすることができる機能を備えた情報共有の仕組みが必要となります。社内にクラウドファンディングの考え方を取り入れた仕組みを構築するのも1つの方法かもしれません。グーグルのような社内通貨の仕組みがなかったとしても、社内SNSの「いいね！」の数、投票

図4−15：意思決定の民主化と自動化

	要件	技術／関連キーワード
大きな意思決定の民主化	◎誰もが投資案件やアイデアを起案できる ◎誰もが起案された投資案件やアイデアに投票や投資ができる ◎誰もが起案された投資案件やアイデアに対して意見やコメントを投稿できる ◎誰もが起案された投資案件やアイデアの実行経過や実績をタイムリーに知ることができる	◎市場原理 ◎社内仮想市場 ◎社内仮想通貨 ◎投票／アンケート機能 ◎投稿／コメント ◎経過・実績のモニタリング
小さな意思決定の自動化	◎判断基準となるビジネスルールを設定することができる ◎しきい値を設定し、それを超える異常値が発生した場合アラートを発する ◎通常のトランザクションおよび異常値に対する判断結果などの実績値は蓄積され、ビジネスルールの改善やアルゴリズムの修正に活かされる	◎ビジネスルール ◎しきい値設定／アラート ◎アルゴリズム ◎予測／シミュレーション ◎ルールベース／知識ベース ◎イベント駆動型ビジネスプロセス管理

システム、アンケートシステムなど現場の一人ひとりの意見を吸い上げるツールは多数存在しており、簡単に導入できます。

また、誰もが正しい判断を下すことができるよう、成果や経過に関する最新の状況を確認できるモニタリングの仕組みも必要となります。

一方、意思決定の自動化においては、ルールベースや知識ベースの推論システムやイベント駆動型のビジネスプロセス管理が重要な役割を果たすでしょう。

イベント駆動型のビジネスプロセス管理とは、何らかのイベントの発生をきっかけとして業務プロセスの処理を始める仕組みです。たとえば、倉庫の在庫が100個を下回ったら、補充のために20個を発注するといった具合にビジネスルールに基づいた業務プロセス処理を起動します。

今や、EコマースやWebメディアの世界では、リアルタイムな閲覧者数、購買履歴などをもとにしたリコメンデーション（購買推奨）や、個人の属性に基づくパーソナライズなどが当たり前のように行われています。Eコマースの担当者やWebメディアの管理者などは、刻一刻と記録される閲覧状況、商品ごとの販売状況、顧客属性ごとのWebサイト滞在時間などのリアルタイムデータを、パソコンだけでなくスマートフォンなどから随時チェックして、即時に意思決定し、適切なアクションを起こしています。IoTによって物理世界のデータを捕捉できるようになれば、工場や建設現場や店舗などの現場の業務においても同様なことが可能となります。

個人の成果と貢献の見える化

従業員の主体性を大切にし、一人ひとりの能力を最大限に発揮できるようにするために、評価や報酬、働き方、職場環境などに気を配ることが求められます。グーグルでは、従業員は職務や組織構造に束縛されることはなく、むしろ自分のアイデアを実行に移すことを奨励しています。

従来型の企業では、従業員は管理すべきだと考えがちです。たとえば、在宅勤務などを認めたら「ちゃんと仕事をしているかどうか心配だ」「目の前にいないとすぐに指示できない」などと管理職が考えるのは、従業員がクリエイティブな仕事を主体的に行うこととは正反対の状況を想定しているからにほかなりません。

デジタル時代の組織カルチャーを持つ企業では、会社の描くビジョンや目指すべきゴールを明確に描き、それを全社員にしっかりと浸透させることに力を注ぎます。個人は、そのビジョンの実現やゴールへの到達のために、仕事をすることで貢献します。したがって、仕事の評価や報酬を決定する基準は、労働時間ではなくアウトプット、すなわち貢献の度合いです。そして、組織がトライブ化しているため、それは社内の従業員だけでなく、社外のパートナーや個人に対しても同様です。

貢献の度合いが可視化されていなければ、個人は何を頑張ればよいのかわかりません。また、誰に賛同し、どのような協力や支援を提供すればよいかもわかりません。したがっ

図 4−16：個人の成果と貢献の見える化

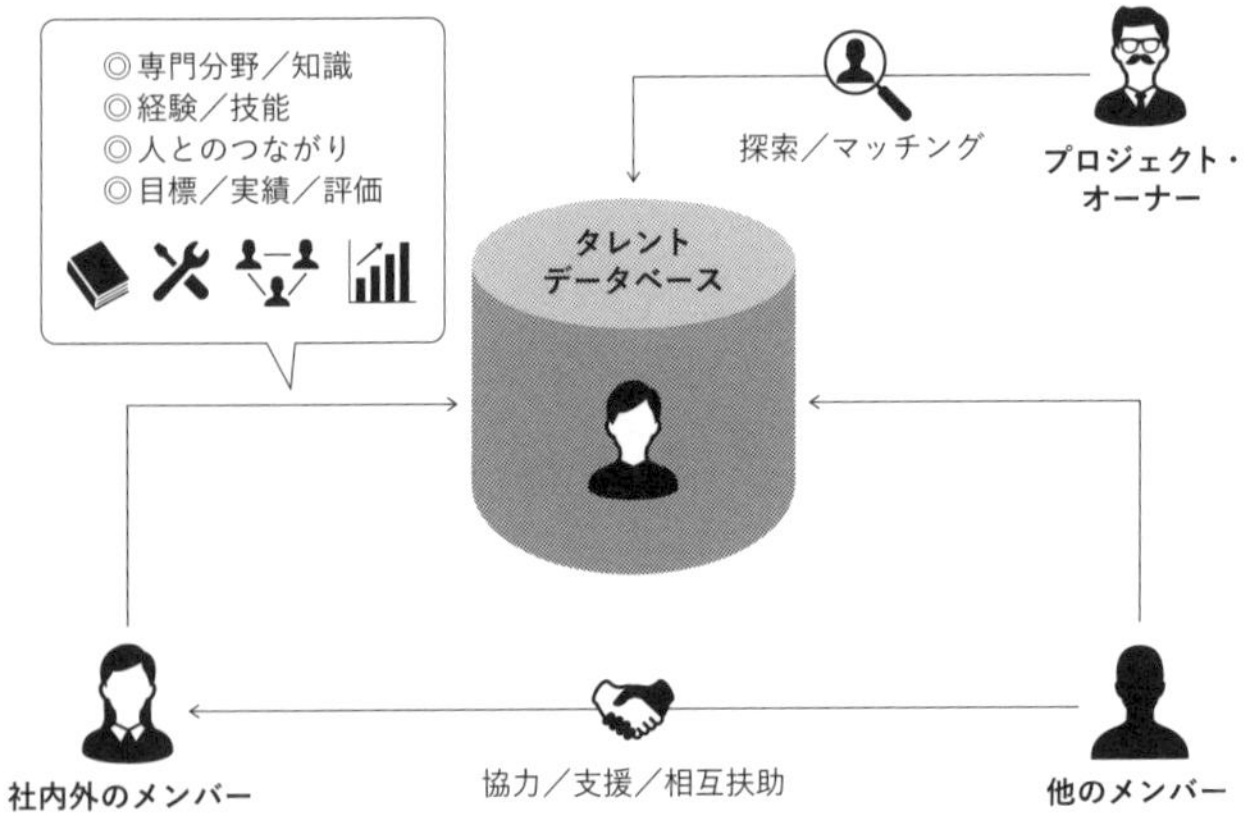

て、企業は、企業全体、部門などの組織、そして個人のそれぞれの目標を明確化し、その進捗や達成度合いが誰からも見えるような仕組みを構築しなければなりません。

現在でも人材のスキルや経験をデータベース化して管理するタレントマネジメントのツールが一部の企業で活用されていますが、その機能をさらに拡充することが求められます（図4－16）。

トライブ化した組織を迅速かつ柔軟に組成できるようにするには、特定のスキルや知識を持った人材を探索したり、公募やマッチングしたりできることも重要です。

また、目標やアウトプットを適正に評価し、報酬と連動させなければなりません。このように個人のスキルや経験だけでなく、実績や貢献をデータとして一元化し、誰もが参照できる仕組みを整備することが求められます。

第5章

DX実現に向けて社員を動かす

DXの本質は「デジタル〝に〟適合した企業に丸ごと生まれ変わらせる」ことですが、企業や組織は枠組みに過ぎませんので、実際に変わらなければならないのは、経営者や従業員を含む「人」です。DXの実現に向けて私たち一人ひとりには、どのような意識と行動が求められるのでしょうか。

01

Digital Transformation

経営者に求められる5つの行動

トップの思いを込めた宣言と行動

DXによって、企業がどこに向かうのかを明確に示すには、ビジョンが必要となります。ビジョンは、「5年後や10年後に、自分たちがどういうことを実現したいのか?」という未来の行き先、すなわち「目的」を示すもので、できれば簡潔な言葉で表現することが望ましいといえます。

2018年1月、米国ネバダ州ラスベガスで毎年開催されるCES(コンシューマエレクトロニクスショー)において、トヨタ自動車の豊田章男社長が同社の新しいビジョンを発表しました。それは、「トヨタ自動車は、自動車メーカーから、モビリティ・サービスを提供していく会社へ変わっていく」というものでした。これがまさにビジョンです。このビジョンの中には、やっていくこととやらないことの両方が明確に示されています。すなわち、自動車を製造して売るという従来の製造業の事業をやるのではなく、自動車に限らずさまざまな移動の手段をサービスとして提供するサービス業の事業をやる会社となることを宣言しています。

コピーライターやクリエーターとして活躍する細田高広氏は、著書『未来は言葉でつくられる—突破する1行の戦略』（ダイヤモンド社）でビジョナリーワードという概念を提唱しています。同氏はその中で、ソニー創業者の井深大氏の「ポケットに入るラジオをつくれ」、ジョン・F・ケネディの「10年以内に、人類を月に送り込む」といった例をあげ、誰もが同じイメージを抱くことができる、まるで未来からの絵葉書のような言葉の重要性を唱えています。

DXへの取り組みは、トリップでもトラベルでもなくデジタルジャーニーとしばしば表現されます。それは、行き先や日程が明確に定まっているわけではなく、しかも長い旅路となるからです。DXという不確定要素が多い長い旅路には、全社員が同じ方向を目指して進んでいけるように、未来の姿と向かうべき行き先を明確に示したビジョンを描き、それを全員で共有することが求められます。

しかし、ビジョンを描いて、それを宣言するだけで経営者の役割を果たしたと思ってはいけません。経営者は宣言するだけでなく、自ら動く、試す、使うという行動を起こすことが必要です。まずは、身近な生活の中でデジタルに接する機会を積極的に作るように心がけることです。今や、スマートフォンさえ使いこなすことができれば、さまざまなデジタルビジネスやサービスを体験できます。そして、社内のシステムにも自らアクセスし、誰よりも率先して利用しなくてはなりません。

たとえば、第4章で述べたリアルタイムな意思決定を支援する仕組みも、経営者自身がヘビーユーザーとなって率先して利用しなければなりません。これまでも多くの企業でさまざまな情報共有システムや意思決定支援システムが導入されてきましたが、その活用が全社的に定着し、当たり前のように業務に組み込まれるほど浸透するには、経営者が常日頃から利用することが最も早道といえます。

ある製造業の中堅企業では、これまで自社製品を販売代理店経由でのみ販売しており、直販は行っていなかったのですが、数年前から自社のウェブサイトでネット販売を始めました。ネット販売では、どの製品が何時に何個売れたのか、残りの在庫はあとどれだけあるのか、キャンペーンがうまくいっているのかといった状況が手を取るようにわかります。

これまでの販売代理店経由の間接販売の状況については、月次の報告書でしか確認できませんでしたが、社長は、それが当たり前のことだと思っていました。一方、ネット販売の方では、リアルタイムで販売や在庫の状況が確認できるということを知って驚いたそうです。従来の間接販売でも販売管理システムや在庫管理システムは存在していましたが、それらは日々の業務管理のために現場で活用されているだけで、経営者は1か月後の集計データしか見せられていなかったのです。社長はすぐに、間接販売の方も、リアルタイムな状況を確認できるようにすることを指示しました。現場の担当者や情報システム部門は、当初いろいろと理由をつけて抵抗していましたが、必要性を説いて数か月間のシステム改修を断行し、間接販売と直販の両方のデータをリアルタイムに把握できるようになったとのことです。

経営企画部門のスタッフや秘書が作った集計グラフやプレゼン資料だけを見て意思決定するようでは、デジタルの時代の経営者としては失格といわざるを得ません。現場のスタッフと同じリアルタイムの生データを把握し、現場とは異なる高い視座で問題を指摘し、即座に対応を指示することが、デジタル時代の経営者に求められる必須スキルといえます。

異質なものを受け入れる器量を持つ

日本企業の特徴の1つに同質性の高さがあります。基本的に新卒一括採用で入社した正社員が中心メンバーであり、役員クラスまで昇進する人のほぼすべてが生え抜きの社員、しかも50歳以上の日本人男性という企業がほとんどです。もちろん、若ければ良い、女性であれば良い、外国人であれば良い、中途入社であれば良いということではありませんが、中核を担う人材のプロファイルがあまりにも似通っており、ダイバーシティが欠如していることは、デジタル時代においては欠点として捉えられるでしょう。

同質性は、大量生産時代の事業モデルには非常に適合していました。しかし、不確実性と変化の著しいビジネス環境においては、間違いを犯しやすく、またそれに気づきにくく、さらに修正が困難となる傾向が強まります。

デジタル時代の企業には、「深化」によって既存事業の強みを維持・強化しつつも、必要に応じて「探索」を迅速に実現する「両利きの経営」が必要であると第3章で述べましたが、既存事業にとって新規事業は異質であり、相容れない組織特性を必要とします。新規事業が上手く立ち上がらない、M&Aや企業合併で失敗が多い、ベンチャー企業との協業が進まないといった問題の多くは同質性が阻害要因となっており、異質な考え方や慣行を受け入れないことに起因する部分が少なからず存在します。取締役会に占める社外取締役の実質的な割合の低さも日本企業の同質性を反映しています。「実質的な」とあえて記したのは、社外取締役を選任している企業の割合と、実際の社外取締役の人数は増加傾向にあるものの、多くの企業では形式的に社外取締役を置いているだけで、経営や企業統治への関与度が低いと考えるからです。

つまり、何をやるにしてもこれまで自分たちの慣れ親しんだルールに固執しがちであり、社外の異質なものを拒絶する傾向が強いことを意味します。

こうした状況に対して経営者は、自ら殻を打ち破る行動を示さなければなりません。今後、少子高齢化が進み、就労人口が減少する中、人材の多様化は避けられません。また、デジタル時代に即してトライブ化した組織では、異質な才能を最大限に活用することが求められます。経営者は、同質性を抑制し、異質な考え方や慣行を積極的に取り入れる姿勢を見せることが求められます。具体的には、中途採用を強化するなどして外部の血を投入することに加えて、社内に閉じこもりがちな従業員を積極的に外部のコミュニティに参画させるなどして、外の空気を吸わせる機会を作ることを大いに進めるべきです。

また、経営会議や役員会などの意思決定機構をできる限りオープンにして、一般社員や若手の意見が取り入れられるように工夫することが有効です。第2章で事例として紹介したトラスコ中山では、立候補した女性社員の中から1名が、役員のみが参加している最高当事者会議に毎月参加できる制度を設置しています。これは、女性社員のキャリアアップのためだけでなく、女性独自の視点や感性、考え方を伝達できる機会を作り、多様な意見を取り入れることを目的にしているといいます。また、月1回開催する取締役会（経営会議）は、より広い視野と透明性を確保するために役員だけでなく、支店長や現場の一般社員も随時参加できるようにしています。

自前主義と脱自前主義のメリハリをつける

これまで国内の大企業は、自社で生産設備や販売網を持つなど、自前で強みを構築してきました。他社と連携を組む場合でも、系列などにより強固な垂直統合を指向してきたといえます。一方、アマゾンやグーグルのようなデジタルネイティブ企業は、何でも自社だけでやろうとせず協調戦略やプラットフォーム戦略を採ります。プラットフォーム戦略とは、ビジネスや価値創造を行う「場」を提供するもので、昨今のデジタルビジネスの分野だけでなく、以前から青果市場、ショッピングモール、家庭用ゲーム機など、さまざまな分野で活用されてきた戦略といえます。アップルのiTunesストアやアマゾンのＥコマースサイトはまさに代表的なプラットフォームです。

また、デジタルビジネスの世界では、企業やビジネスシステムが互いにつながり合うことで、より大きな価値を生み出すことからエコシステムの構築が有効な戦略と考えられます。「エコシステム」という言葉は、１９３０年代に英国の植物学者によって造り出され、動植物が水や土壌などの環境と影響し合いながら暮らすコミュニティを指す用語として使われてきました。この生態系を意味する言葉を比喩的に用い、企業などの緩やかな依存関係や協調関係によって形成される価値連鎖構造をエコシステムと呼ぶようになりました。

デジタルネイティブ企業は、デジタルを前提としたプラットフォームを構築し、その上にエコシステムを巧みに形成し、周りを巻き込み、競争相手とさえ部分的に協調します。民泊仲介サービスのエアビーアンドビーも、施設やホテル従業員を自前で持っているわけではありません。タクシー配車のウーバーも、自動車の車両やドライバーを自社で抱えているわけでありません。配車サービスや民泊仲介のためのプラットフォームを構築し、その上にドライバーや民泊オーナーのエコシステムを形成して、共存共栄を図っています。

一方で、自社にとって重要な部分については自前主義に強いこだわりを持ちます。たとえば、グーグルは、サービスを提供する基盤となるサーバでは、ハードウェアからソフトウェアまで自社で開発しており、各地のネットワークをつなぐ海底ケーブルも持っています。サーバに使うチップセットまでも自社で設計と製造を行っています。セキュリティの専門家も1000人近く抱えており、自社でシステムを防御しています。アマゾンもクラウド基盤であるAWS（アマゾンウェブサービス）を自社で運営しており、世界中に50か所以上のデータセンターを保有しています。AWSデータセンターの電力も自社の風力および太陽光発電所から供給しています。集荷から配達までの配送網も自前で構築しようとしています。他社を巻き込むことのメリットと他社に依存することのリスク、自前で持つことのメリットとデメリットを天秤にかけ、自前主義と脱自前主義を巧妙に組み合わせた戦略でビジネスを展開しています。またその戦略は配送量や電力消費量の増減といった外部環境の変化に対応して、迅速かつ大胆に変更します。第2章で取り上げた応用地質は、地質調査や建設・土木分野の強みを活かしつつ、通信会社や自動車メーカーと協業することで、新たなサービスを創出しています。

経営者は、まず捨てるものと残すものを明確に示すことが求められます。そのためには自社のコアとなる領域をゼロベースで見つめ直す必要があります。その際に、結果として強みとなった能力が、本質的なコアであるかどうか問い直すことが重要です。たとえば、大量生産大量消費を前提に全国に張り巡らした支店網が、既存事業にとっては大きな強みであったとしても、それが新規事業にとっては逆に足かせとなることがあるということです。この判断は、部署ごと無くしてしまうようなこともあるため現場スタッフや中間管理職に下せるものではなく、経営者の重要な任務となります。

挑戦者の後ろ盾となり、後押しをする

経営者が、DX推進組織を立ち上げ、人をアサインしたらそれで自らの役割を果たしたと考え、その後の活動を円滑に進めるための環境づくりや後方支援を怠る状況が散見されますが、このような現象を「あとはよろしく症候群」と呼んでいます。

DXの推進は、従来の業務改善やシステム導入などと異なり、組織、制度、権限、人材、

文化・風土など企業の根幹に関わる多岐にわたる変革が求められるため、経営者による継続的な関与と能動的な行動が不可欠であり、「あとはよろしく」では済まないのです。特に、新規事業の立ち上げにおいては、経営者の役割は非常に重要です。第3章で、既存事業と新規事業の共存を図るための組織について、2つの組織の間の距離感の置き方が重要だと述べましたが、経営者がこれらのバランスを考慮し、両方の橋渡し役を担うことが求められます。

一般的に、既存事業の組織が売上も人員数も大きく、役員などの上級職者は既存事業で成果を上げてきた人材が多いため、社内での発言力が大きい傾向があります。新規事業は、既存組織に蓄積された経営資源やノウハウを「借用」することが有益ですが、既存事業はこれまでと同様に業務を円滑に遂行し、業績を上げる責務を負っていますので、新規組織からの「借用」の要請に応える余裕も、義務もないと考えがちです。場合によっては、新規の取り組みが社内の抵抗に遭って、潰されてしまうかもしれません。したがって、新規事業を育てるには、経営者の橋渡しや後ろ盾が必要となります。経営者は、旗を振るだけでなく、自ら新規事業創出やビジネス変革の中心人物となって行動に示すことが求められます。また、経営者は長期的視点を持って新しい取り組みを後押しし続けなくてはなりま

図5–1：DXは1つのプロジェクトではない

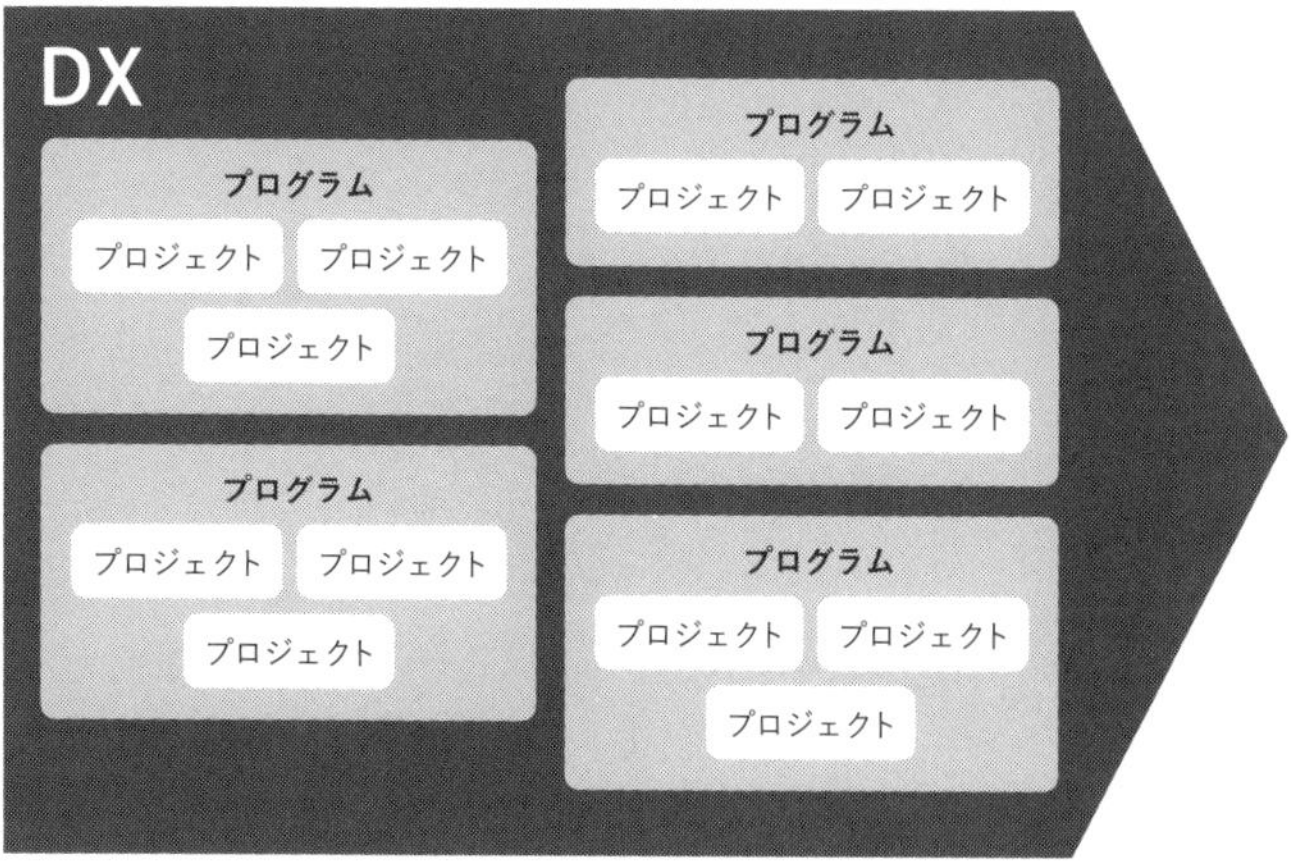

せん。経営者は、設備投資やＩＴ投資に関して、ＲＯＩ（費用対効果）を求めがちで、何年で回収できるかを追求する傾向にありますが、ＤＸをこれまでの投資と同様に捉えるべきではありません。

ＤＸへの取り組みは、製品やサービスの変革にとどまらず、ビジネスモデル、取引先や顧客との関係、社内の組織や制度、人材、組織カルチャーに及ぶ多岐にわたる変革であり、企業を丸ごと生まれ変わらせるような大きな取り組みです。したがって、１つのプロジェクトと捉えるのではなく、複数のプロジェクトが含まれるプログラムが同時並行で断続的に繰り広げられる終わりのない活動であり、企業運営そのものであると考えるべきです（図5-1）。

1年や3年の短期間で効果が出なければ止めるというものではなく、軌道修正を加えながら延々と続けていくべきものです。当然のことながら、その中のいくつかのプロジェクトは失敗することもあるでしょうし、取り組んではみたものの上手くいかないので元に戻すこともあるでしょう。そのような失敗や朝令暮改は、不確実性の高いDXにおいては許容されるべきことです。第2章で紹介した小松製作所では、DXという言葉がまだなかった1990年代にe-KOMATSU推進室を設置し、20年以上にわたってデジタル技術の活用とビジネス変革を推進し続けています。そして、その取り組みは今なお終わることなく強力に推進され続けています。その間、社長は5人交代していますが、DXへの積極的な姿勢は脈々と受け継がれています。

組織の自律性を高め、権限を委譲する

経営者に求められる5つの行動の最後に、組織の自律性を高め、権限を委譲することを

あげますが、実はこれが一番難しいことだと思います。それは、多くの企業の経営者がこれまで正しいと思って実践してきたマネジメントやリーダーシップのあり方を真っ向から否定し、自らの考えや行動を大きく変えなければならないからです。

第4章で今後、組織はトライブ化していくと述べ、トライブ化が進行した企業組織は、所属するメンバーが固定的でない、情報の流れや指揮命令系統がいわゆる上意下達ではなく対等で縦横無尽である、部署や会社という枠を超えた協調や交流が実現されているという特徴を持つと説明しました。このような流れを受け入れ、トライブ化した組織の舵取りをしていくために、経営者はこれまでの経営や組織運営に関する常識を捨てなくてはなりません。従来のピラミッド型の組織を運営する能力と、フラットでオープンなトライブ型組織を運営する能力は全く異なるということです。

これまでのマネジメントは、上位層が戦略を考えて、指揮命令に忠実に従う社員にそれを実行させることを目指しています。また、それを支えるためにピラミッド型の階層組織や稟議承認ルール、業績評価、社内規定や業務慣行が形成されています。経営者の仕事は、この仕組みを上手く回すことでした。

フラットでオープンなトライブ型組織では、経営者を含む全社員が自分のなすべきことを自分で決めて、熱意を持ってそれに取り組み、最大の成果を上げることが重要とされます。昨今、「内発的動機づけ」という言葉を耳にしますが、まさに全員が内発的動機づけに突き動かされた結果として、成果が生み出される状態を創り上げることです。外発的動機づけが「褒められたい」「報酬が欲しい」といった外的な欲求によるものであるのに対して、内発的動機づけは、「自分はこうなりたい」「自分はこれを実現したい」といった心の内側から沸き起こる意欲や関心を行動の原動力とすることです。経営者の仕事は、内発的動機づけを沸き立たせる環境を整えることに尽きます。

そのためには、従業員を信頼して権限を委譲しなければなりません。また、自分の言うことを聞かせるのでなく、従業員の声に耳を傾けなければなりません。もちろん、従業員が方向を見失わないように、1つ目にあげたビジョンや目的を明確に示し、共感を得なければなりません。また、第4章で述べたように、意思決定においてもファクトに基づいた民主的な手法を取り入れることが求められます。

いずれにしても、これまでのピラミッド構造を上下180度反転したような運営体制を構築しなければならないことを意味し、旧来型の経営者にとってはなかなか理解しにくいことといえます。

02

Digital Transformation

DX推進リーダーに求められる5つの行動

ベンチャー企業経営者のように振る舞う

自ら組織を立ち上げたとしても、自分から手を挙げて就任したとしても、あるいは思いがけず任命されたとしても、いずれの場合においてもDXを推進するチームを率いるリーダーとなったとしたら、企業の中間管理職としてではなく、ベンチャー企業の社長のように立ち回らなければならない場面に必ず遭遇します。

会社から与えられた予算は資本金であり、預かったチームメンバーを含む経営資源を最大限に活用して、サービスや事業を立ち上げ、軌道に乗せ、その成果をステークホルダーに還元していかなければなりません。責任範囲となる組織や事業については、経理や人事も含めてすべてを掌握し、適切に、しかもベンチャー企業のように迅速に意思決定していくことが求められます。不確実性の高い未知の領域にリスクを取って挑戦しなければならないこともあるでしょう。

ＤＸリーダーは、ＤＸの推進における統括プロデューサーであり、社内の経営層や事業部門だけでなく、社外の顧客やパートナーと良好な関係を構築・維持し、ＤＸに関わるアイデアの創出から本番化・事業化までの全プロセスを一貫して統括します。従来のプロジェクト管理者（ＰＭ）のように担当するプロジェクトの品質・コスト・納期（ＱＣＤ）を管理するだけでなく、ビジネスの成果にも責任を負うこととなります。対象とする事業やサービス全体を俯瞰的に把握し、投資や経営資源の配分などに対して的確な意思決定を下さなければなりません。

また、自社の所属する業界だけでなく、ビジネスを取り巻く社会・経済の環境変化と将来動向を読み解き、内部・外部の人材・組織を巻き込みながら、人脈を拡大し、必要となる体制構築や予算確保を主導的に行っていくことが求められます。まさにベンチャー企業の社長と同じような任務が課されており、非常にタフな仕事と考えるべきです。

創造性を掻き立てる環境を整える

DXを推進するチームのリーダーは、一般的な組織のマネージャーとは大きく異なります。リーダーの仕事は、チームのメンバーを管理することではなく、メンバーが創造的な活動をする場と機会を提供することです。経営者と同様にフラットでオープンな組織づくりに注力し、メンバーの内発的動機づけを引き出すように働きかけます。

メンバーが外部と接触する機会を作って刺激を与えたり、事業部門のメンバーと意見交換する場を設けたりして、チームを活性化することも有効です。外部や社内の他部門の人材を巻き込んだワークショップなどのイベントを開催するという方法も考えられます。メンバーがオペレーション業務に忙殺されたり、社内調整や会議に多くの時間を奪われたりすることのないように、チームのミッションを明確にし、それを全社に周知することがポイントです。

また、メンバーの時間的な余裕と働き方の自由度を確保することも重要です。メンバーに対しては、細かい業務指示を一つ一つ与えるのではなく、ある程度まとまった任務を権限とともに割り振り、メンバーを信頼してそれぞれの自己管理に任せることが重要です。スポーツになぞらえると、指示を出す監督というよりは、必要に応じて適宜アドバイスをするコーチのような存在であったり、ともにフィールドでプレイするキャプテンのような存在であったりすることが望ましいといえます。

したがって、自らも創造的な振る舞いを率先して行い、新しい手法や技術に挑戦的に取り組む姿勢を見せることが重要です。メンバーを育成することもリーダーの役割ですが、指導したり、教育したりするという方法ではなく、メンバーに自発的な学びを促し、それをサポートするような姿勢が望ましいといえます。

メンバーの自律的な行動を期待しますが、これは独立独歩、孤立無援となることを意味しているのではありません。それぞれが自律的、自発的に行動しながらも、メンバー同士が互いに協力しあい、助け合い、教え合うような雰囲気を醸成することにも気を配らなくてはなりません。他のメンバーを助けたり、情報を積極的に共有したりすることを奨励し、チームに貢献したメンバーを称賛することが大切です。

既存制度や他組織からの圧力への防波堤となる

DX推進チームなどの新しいことに取り組む組織は、社内において異質な存在となりがちです。第3章の「両利きの経営」の説明でも述べたように、既存事業の強みを維持・強化する「深化」と、事業や市場を開拓する「探索」は、重視すべき要素や組織特性が異なります。そのため、DX推進チームはしばしば既存制度の壁に行く手を阻まれたり、過去の常識を押しつけられそうになったりします。メンバーの創造的な活動が阻害されないように、リーダーが防波堤の役割を担わなければなりません。

社内規定などの従来の制度やルールに忠実に従っていると、DXの推進のスピードが阻害されたり、外部の柔軟な活用が進まなかったりすることがあります。このような状況に直面した際に、リーダーは、経営者や人事部門などに働きかけて、部分的な緩和を要請するといった行動を起こさなければならない場合もあります。その際、特区戦略を採用するというのも1つの方法です。

イノベーション特区の考え方は、もともとは自治体などが産業振興や雇用創出を目指して、地域限定的な規制緩和や支援施策を行うものです。江戸時代の鎖国制度の際に設けられた長崎の出島になぞらえて「出島戦略」などという呼び方をすることもあります。イノベーション特区では、予算や各種社内プロセスに関して、例外的な対応や一定の権限が与えられるようにします。

既存企業にとって、社内のルールや組織を全社的に変えることは容易ではありません。従来の組織哲学や成熟している既存事業を破壊するリスクは誰しも負いたくないと考えがちです。新興のベンチャー企業と伝統的な大企業では、企業風土や従業員のメンタリティが大きく異なることは否定できませんが、社内にベンチャー企業のような「出島」を設置することで、メンバーのモチベーションを高める効果も期待されます。DX推進リーダーは、このようなDXのための環境整備の仕事も担わなければなりません。

ストレッチした目標を与えてメンバーを鼓舞する

グーグルやフェイスブックで採用されている目標管理手法として第4章で紹介したOKRでは、やや難易度の高い目標を設定すると述べました。DXの推進のような挑戦的な取り組みにおいては、人材を鼓舞し、チーム内の相互支援を促すために、チーム全体にも、個々人にも簡単に達成できそうにない、やや野心的な目標を持たせることが有効と考えられます。

ＫＰＩなどを用いた従来の目標管理では、１００％達成することを目指した目標を設定することが多いですが、ＯＫＲでは60〜70％の達成度で成功とみなすのが一般的です。それくらい難易度の高い目標を設定することが望ましいということです。つまり、個人やチームの業績を評価するための目標ではなく、ストレッチした目標にチャレンジする意欲を掻き立てることが目的となります。

また、チーム全体の目標は、企業全体の目標に明確に紐づいており、さらに個人の目標はチームの目標の一部となっていることが重要な要件となります。そうすることで、自分が目標を達成することがチームの目標達成に貢献し、さらにそれが会社全体への貢献につながることが実感できるからです。設定した目標は、経営者を含む全社員にオープンにして、共有することがより望ましいと考えられます。チームや個人の目標が、他部門やチーム内の他者にも可視化されることで、コミュニケーションを図ることができ、目標達成に向けて協力や相互支援を促進することができます。

外部の力を上手く活用する

DXの推進に対して経営者を含む全社的な意識を高め、デジタルリテラシーを向上させることもリーダーの重要な役割です。そのために外部の力を活用することも1つの有効な手段となります。

業界をよく知り、長期的な視点で経営の舵取りをする経営者は、外部環境の変化にも敏感でDXの重要性に対して高い意識を持つ人も少なくありません。しかし、そのような経営者ばかりではないのも事実です。自社や自分自身の過去の成功体験に縛られていたり、自分が在職している間は波風を立てたくないと考えていたり、そもそも興味がないという経営者もいます。また、特定の事業部門を管轄する役員が、現在の事業責任と業績を重視するあまり、DXに目が向かなかったり、失敗のリスクを回避するためにイノベーションの種を潰してしまったりすることもあります。「うちの経営者は、表向きにはイノベーションやデジタル活用の重要性を口にするが、具体的には何も動いてくれない」「担当事業部門を持つ役員は皆、イノベーションに対して総論は賛成なのだが、自分の部門のこととなると現状を守ろうとする」といった不満もよく耳にします。

DXリーダーであったとしても、自分の上司であり、先輩であり、成功者である経営者に「意識を変えてください」とはなかなかいえるものではありません。外圧を使うというのは1つの手段となるかもしれません。外部の有識者に役員会で講演してもらう、競合他社のDXへの取り組み事例を発表するといったことも有効です。顧客や取引先が対応を求めていることをアピールすることも外圧となるかもしれません。

また、DXの実践の場面においても外部の活用は有効です。すべてを自社のリソースで行おうとせず、大学、研究機関、同業・異業種の他社、ベンチャー企業、個人の専門家などと協業することでDXを加速することが期待されます。リーダーは、外部の人材と積極的に交流するなどして人脈を作り、協調の可能性を広げておくことが求められます。

03

Digital Transformation

すべてのビジネスパーソンに求められる5つの行動

自ら、主体的に最初のひと転がりを起こす

一昔前まで、カリスマ経営者が創造と変革の主導者でした。パナソニックの創業者である松下幸之助氏、ソニーの井深大氏と盛田昭夫氏、セコムの飯田亮氏など、数え上げればきりがありません。彼らは、自らの発想でまったく新しい価値を創造し、何もなかったところから市場を切り開いてきました。

今はどうでしょうか。ＡＩ、ＩoＴ、仮想通貨などが台頭するデジタルの時代に、現在の経営者が自ら主導者となってデジタルによる変革を起こすことができるでしょうか。もちろん、現代にも大きな変革を断行し、市場を切り開いている経営者は存在します。しかし、「技術のことはよくわからない」「担当者に任せている」という経営者も少なくありま

せん。経営者のリーダーシップを待っていたのでは何も始まらないと考え、すべてのビジネスパーソンが、自ら行動を起こさなくてはなりません。もちろん、ＤＸを全社的に推進していくうえで、経営者の理解と協力は非常に重要であり、必要です。しかし、実際にアイデアを出し、試し、試行錯誤を繰り返しながらＤＸを推進していくためには、ミドル層や若手を含め、従業員一人ひとりが主体性を持って取り組み、経営層を動かしながら進めていくことが求められます。

ＤＸによって自社がどこを目指すのかということも、社長一人や経営会議のメンバーが決めるのではなく、従業員一人ひとりがそれぞれの立場で考え、階層を超えて議論し、認識を共有していかなければなりません。

それでは、自ら、主体的に行動を起こし、それを全社に広げていくにはどうすればよいのでしょうか。第2章では、デジタルビジネスの創出や運営においては、リーンスタートアップの考え方が有効と述べましたが、これを取り入れて2段階方式でＤＸを推進する方法が推奨されます。

2段階方式とは、まず第1段階で小さな取り組みを成功させ、その後の第2段階で環境を順次整備しつつ全社的な取り組みへと昇華・拡大させていく方法です（図5－2）。

図5−2：2段階方式で推進するDX

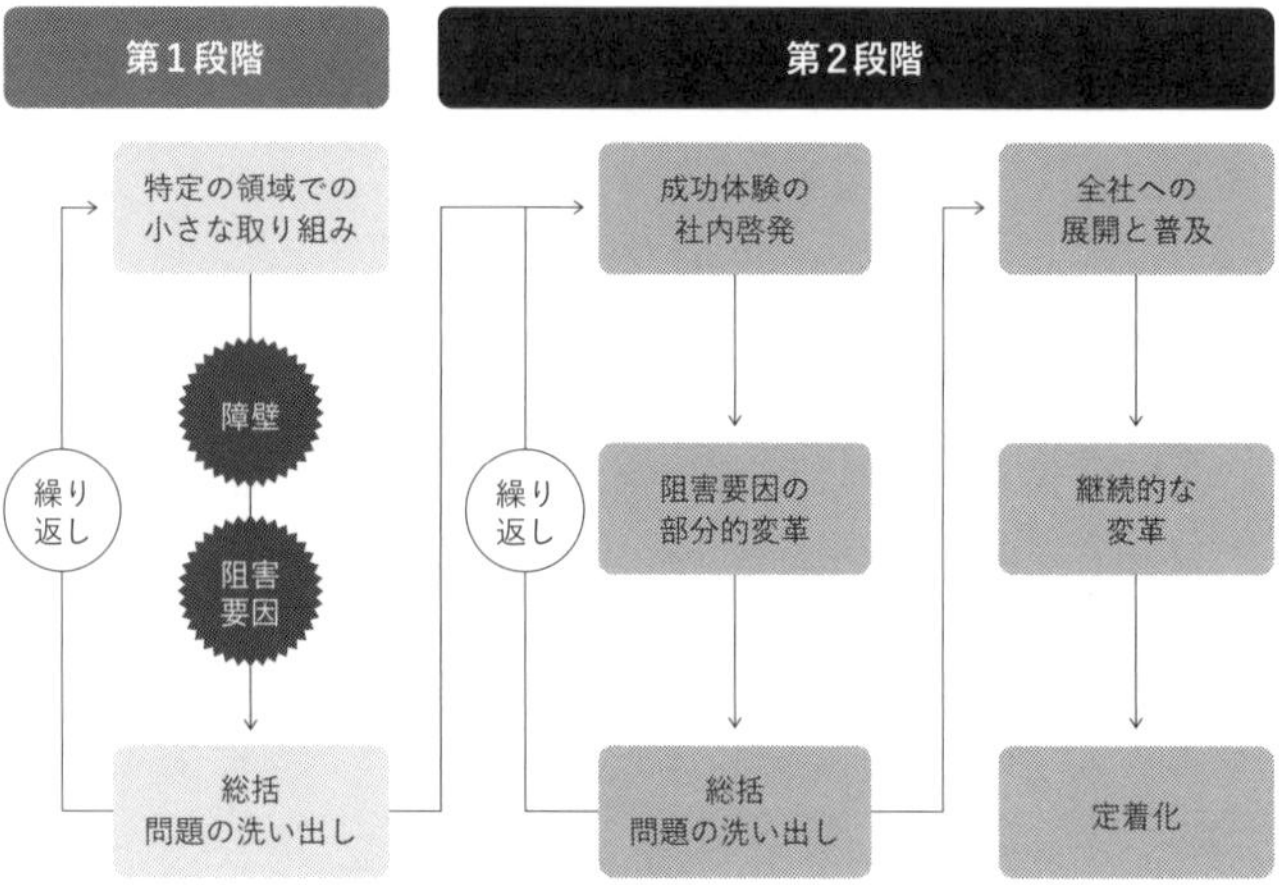

第1段階では、特定の部門に限定した試行的な取り組みや小規模なイノベーションに挑戦します。

この段階では、社内の理解者は少ないかもしれませんし、十分な予算や体制を確保することはできないかもしれません。DXの必要性や重要性を認識した誰かが「最初のひと転がり」を起こし、小さくてもいいので挑戦したことの実績を残すことが大切です。できれば当初は難易度が低く、短期間で成果が出せそうな小規模な施策を選ぶことがポイントです。小さな取り組みを開始したら追従者（フォロワー）を見つけ大切にします。フォロワーと一緒に行動し、賛同者・協力者を巻き込みながら活動を拡大していきます。「最初のひと転がり」への挑戦は必ずしも成功するとは限りません。たとえ失敗したとしても、そこから学びを得ることが重要です。

ここでポイントとなるのが、第一段階の取り組みにおいてＤＸの推進を阻害したり障壁となったりした事柄をリストアップし、総括しておくことです。これが、環境整備のために変革すべき課題であり、第２段階へのインプットとなります。

第２段階では、第１段階で得た成果や経験を社内に啓発し、活動の幅を広げる礎とします。第１段階で障壁や阻害要因となった課題は、関係部署や経営者に変革の必要性を説き、調整しつつ組織、制度、権限などの変革によって順次解決していきます。ここでも第１段階と同じように推進を阻害したり障壁となったりした事柄をその都度総括して、次なる挑戦のインプットとすることを怠ってはいけません。そうした活動を地道に続けていくことで、次第に賛同者や協力者が増えていき、ＤＸを推進するための環境も整っていくことでしょう。

過去の常識を捨て、ゼロから発想する

ＤＸの推進にあたってまず先行事例を拠り所にする、これまで成功してきたやり方や考え方に則り、変えようとしないことを「過去の常識症候群」と呼びます。ＤＸへの取り組みを開始するにあたって、まず先進事例を調べようとする人がいます。しかし、デジタル活用や企業変革を推進するための方法論や成功の法則が定まっているわけではありません。また、自社や他社の過去の成功体験が、そのまま通用するわけではなく、自らいばらの道をかきわけながら進んでいかなければなりません。先行する取り組みを参考にすることは無駄ではありませんが、前例や成功事例がなければ挑戦しないという姿勢では「過去の常識症候群」に陥っているといわざるを得ません。過去の常識を捨て、ゼロから発想するには、そのための発想法を手に入れなければなりません。

以前、ドイツで地下鉄に乗ろうとして改札機がないのに驚きました。入り口から階段を下りたところに券売機はあるのですが、改札はなくそのままホームに行くことができます。話を聞くと、時々見回り員が来て、切符を持っていない人は罰金を徴収されるそうです。

高額な改札機の導入や保守費用と、無賃乗車やキセルによるリスクマネーを天秤にかけて後者を選択したのでしょう。結果として顧客にとっても快適な体験を提供しています。改札機の機能や性能を高めることに猛進しているとこの発想は生まれません。今あるものを前提に、それをより良くするという考えをいったん捨て、そもそもなぜそれが必要なのかというところに立ち返ってゼロから発想することが大切です。

デジタルの世界では、顧客を中心に据え、顧客にとっての体験を完璧なものにすることに力を注ぐことが求められます。従来の多くの企業でも「顧客第一」は重要戦略として謳われていますが、スローガンとして顧客第一を掲げることと、顧客体験を起点として商品やサービスをゼロから発想することには根本的な違いがあります。

たとえば、小売店における無人レジやレジなし店舗への取り組みを考えてみましょう。日本でもスーパーやコンビニで実証実験などが盛んに行われていますし、セルフレジなどはすでに実用化が進んでいます。国内におけるこれらの取り組みの多くは、小売業の人手不足という課題解決の手段であり、省力化を目指したものです。一方で、アマゾンが展開するレジなし店舗のアマゾンゴーは、入店から商品選び、そして決済までの顧客の買い物体験をいかにシンプルで快適なものにするかに焦点が置かれています。根本的に発想が違うのです。

日本人は、機能や性能を高めることに心血を注ぐ傾向が強いと思います。もちろん、機能や性能が大きな差別化要因となることはありますし、特に成熟した産業で、大量生産大量消費のビジネスモデルでは、それは有効です。

たとえば、例に挙げた改札機を見ると、日本の自動改札機の技術は機能や性能の面では世界屈指です。紙の切符の場合、前後・裏表どの向きから切符を入れても、瞬時に認識して検札できます。また、紙の切符だけでなくICチップ搭載のカードやスマホにも対応しています。機能と性能は非常に優れているのです。工場の製造工程でも、経費の申請・承認プロセスでも、日本の企業は効率化するための改善と、そのきめ細やかさにおいては超一流といえるのではないでしょうか。

しかし、たとえば新幹線の利用者である旅客は、JRの改札と、新幹線の専用改札の2つを通過しなければなりません。一方、韓国や欧州ではそもそも高速鉄道専用の改札機はありません。改札機も、製造プロセスも、申請・承認も、それをより良く改善するという発想の前に、そもそもそれ自体が必要なのかという問いかけが必要です。第2章で紹介したトラスコ中山の「在庫は成長のエネルギー」というコンセプトも、過剰在庫は悪であるという従来の常識を捨て、顧客の利便性やニーズを中心に据えた逆張り戦略であり、ゼロベースの発想から生まれています。

情報発信することで、さらなる情報と仲間を集める

DXの重要性を認識し、自ら行動を起こして最初のひと転がりを始めたとしても、誰も賛同者や協力者がいなければ、孤軍奮闘しなければなりません。自分の興味、問題意識、やりたいこと、知りたいことがあれば、それを能動的に発信することが大切です。デジタル化し、トライブ化した組織の中では、発言しない人は見えませんし、いないのと同じと見なされます。

日本人には、目立つのは好まない、自己アピールが苦手だという人が多い傾向が見られます。特に、若い人の中には、知識が十分でない、まだ実績がないといったことを理由に、情報発信をためらう人も少なくありません。しかし、情報は発信すればするほど、さらに

情報が集まってくるという特性があります。情報を集めたいと思ったら、情報を聞きに行くのではなく、まず、発信すべきだということです。情報を発信することで、その分野に関心を持った人がフィードバックを返してくれるかもしれません。また、発信した情報に知識不足や誤りがあった場合に、それを正してくれたり、新たな知見を補ってくれたりするかもしれません。情報を発信することで、その分野に興味があることや、何らかの知識や経験があることを広く知らしめると、情報を受け取った側から質問や協力要請が寄せられることがあります。尻込みをして、何も発信しなければ、そこにコミュニケーションは発生しませんし、新しい発見も学びも生まれません。

情報は社内だけでなく、幅広く社外に向けても発信すべきです。インターネットがない時代は、情報発信の手段は出版社やテレビ局のような限られた企業しか持つことができませんでした。また、社内においても、情報は上層部や直接関係するごく一部の部署が握っていて、一般の社員にはアクセスできませんでした。しかし、現在はブログもＳＮＳもあり、誰もが情報発信できます。社内にも、電子メールや電子掲示板、社内ＳＮＳなどがあり、自由に情報共有できる仕組みが整っています。

ＤＸに関する活動を全社に周知する社内広報活動も有効です。ある企業では、ＤＸに関する相談窓口を設置し、それを全社に告知したところ、これまで事業部門の中で埋もれていた課題や、個人の頭の中にしまいこまれていたアイデアの種が多数寄せられるようになったということです。事業部門では、デジタル技術の活用に対して関心を持っていたり、現場の問題解決における活用シーンを思いついたりしているものの、日々の業務や短期的な採算の観点からせっかくのアイデアが埋もれていることがあります。こうした潜在的なニーズや未来視点の課題を拾い上げることができるのも情報発信の副次的な効果といえます。

実体験を重視し、抵抗感を取り除く

20年程前、インターネットの台頭によってEコマースやネットビジネスがにわかに注目された時がありました。企業ではEビジネス推進室を設置するなど、現在のDXと似たような盛り上がりを見せており、こうした取り組みの推進者に向けたセミナーも盛んに行われていました。ある講演会でEビジネス推進者である受講者に対して「皆さんの中で、本でもチケットでもいいのでネットで買い物をしたことがある人は挙手してください」と問うたところ1割程度しか手が挙がりませんでした。自分で一度もネットで買い物をしたことがない人が企業のEビジネスを推進しようとしていたのです。

新たなテクノロジーやビジネスモデルについて、書籍や研修などで知識を習得するだけでなく、実際に利用したり、制作したりして自分の手で触れてみることが大切です。今は、AIスピーカーやVRグラスなども比較的安価で手に入りますし、体験型の3D工房やオープンラボなどの施設も多数存在します。シェアリングエコノミーやネット上のサービスなども気軽にお試しで利用できるものがたくさんあります。デザイン思考やアジャイル開発などのデジタルビジネスで活用される新しい手法も、実際に体験できるワークショップやハンズオンセミナーなどもあちこちで開催されています。試作版のスマホアプリをクラウド上で製作して一部の利用者に試しで使ってもらい評価を得ることもできます。手軽に試せることがDXの魅力でもあるのです。実体験が多くの学びを与えてくれるはずです。

実体験は、利用者を含むすべての人にとっても重要です。オンライン会議の導入やキャッシュレス決済の普及などを推し進める際に、高齢者やITに慣れていない人がいるから難しいとか、止めた方がいいとか、そのような人たちに配慮して特別に簡易な方法を考えなければならないといった反応が見られます。たしかに、誰でも使いやすいUX（ユーザーエクスペリエンス）を考慮することは大切ですが、それによってDXにブレーキをかけることは本末転倒です。

実際の世の中では次々に新しいモノや新しい使い方が生まれて、人々はそれに適応して暮らしています。たとえば、お年寄りであっても、ITが苦手な人であっても、今ではみんなICカードやスマートフォンにお金をチャージして、駅の改札にかざして通過しています。本当に必要で、使い慣れれば新しいモノや使い方は自然に浸透していくのです。1962年に米スタンフォード大学のエベレット・M・ロジャーズ教授が提唱したイノベーター理論でも言われているように、新しいものに対しては、アーリーアダプター（初期採用者）、アーリーマジョリティ（前期追随者）、レイトマジョリティー（後期追随者）、ラガード（遅滞者）などがそれぞれ一定割合で存在します。レイトマジョリティーやラガードに気を使いすぎているとDXが一向に進みません。

DXを進める際に重要なのは、こうした人達のためにゆっくり進めたり、特別に簡易な方法を提供するために多くの時間や労力を費やしたりしないことです。むしろ、こうした人達に「触ってみる」「使ってみる」ことの大切さを知ってもらうことが重要です。そのためには、アーリーアダプターやアーリーマジョリティに向けて早期に提供し、継続的に良くしていくことで、必要性や便利さを広めていってもらうことが早道です。そのように継続的に良くしていくことで、誰もが使いやすく、身近なものになっていくはずです。

他流試合に出て、外の世界を知る

日本企業は新しい取り組みを開始する際に、研修から入る傾向が強いように感じます。確かに人材育成はとても重要です。筆者もデジタル人材育成のためのイノベーション研修などを手がけているため、うれしいことではあるのですが、少し違和感を持つこともあります。

特に大企業では、社外講師を招くなどして座学中心の社内セミナーやワークショップ形式の実習を用意し、上司推薦などで招集して行う研修が多く見られます。もちろん啓発的な意図や気づきを与えるという点で、意義ある取り組みといえます。しかし、デジタル時代を牽引する人材は、口もとまでエサを運んでもらうのを待つひな鳥のような人ではないはずです。特に人材育成に熱心な伝統的な大企業は要注意です。

経験上、人がもっとも育つのは他流試合をしたときです。社外の、できればさまざまな業種や職種の人々と意見やアイデアをぶつけ合ったときに、知識や技能よりも貴重な体験や気づきを得ることができます。今は、社外のアイデア創出イベントやコミュニティによる勉強会や研究会などがあちこちで盛んに行われています。このような他流試合の場に、自ら参加する人こそイノベーティブな資質を持った人材ではないでしょうか。企業側は、これまでの人材育成や教育研修プログラムといった自社に閉じた考えを捨て、自主性を重んじ、外の空気に触れる場と機会を提供することが大切です。

また、先が見えない時代である今日において、すべてのビジネスパーソンが、これまでと同じ企業文化で、同じ事業を行い、同じ働き方や業務を遂行していては、個人としての成長や生き残りさえ危ういといえます。今こそ会社の外に出て、もちろんオンラインでも構いませんが、違う空気を吸ってみることをお勧めします。

あとがき

新型コロナウイルス感染拡大による緊急事態宣言が解除された際の企業の反応は、大きく2つに分かれました。一方は、コロナ禍をきっかけとしてデジタル化やIT活用の重要性を再認識し、DXをより強く推し進めていこうとする企業です。そしてもう一方は、「全員、会社に戻ってきなさい」「会議も対面でやります」「営業も客先を訪問せよ」「申請書は印刷して提出せよ」といった具合にビフォアコロナと同じ所に戻ろうとし、DXに逆行しようとする企業です。災害にせよ、ウイルスにせよ、リーマンショックのような金融危機にせよ、企業にとってのリスクが一時的なものであれば「ただ頭を低くして、嵐が通り過ぎるのを待てばよい」というのは1つの戦法といえるかもしれません。しかし、見誤ってはならないのは、デジタル化の流れというのは、一過性のものではなく、確実に世の中が変わろうとしている現象であるということです。自動車や鉄道が発達したことで、飛脚やかご屋の仕事がなくなったように、もはや後戻りすることはないのです。

日立製作所やカルビーなどが、緊急事態宣言の全面解除後も幅広い職務で在宅勤務を推進していくことを表明していますが、注視しなくてはならないのは、これらの企業はコロナ禍への緊急措置として在宅勤務を推進したのではないということです。10年以上前から社内業務のペーパーレス化、人事評価制度や給与体系の見直しなどを進め、働き方や組織運営の変革に地道に取り組んでおり、会社を丸ごと変える覚悟を持ってＤＸを推し進めてきた企業なのです。

本書の後半部分では、企業の組織カルチャーや、そこに所属する人々の意識や行動について多くの紙面を割きました。それは、組織カルチャーや意識の変容が、ＤＸの推進においては技術そのものよりも重要であるものの、難易度が高く、多くの日本企業にとってネックとなっていると感じたからです。組織や制度を変えたり、技術を導入したりすることは、その気になればすぐにでも実行できます。しかし、全社員の意識や行動様式を変えたり、組織カルチャーを根づかせたりするには長い時間と大きな労力を要します。また、経営者を含む企業に属するすべての人々の価値観に大きな変革が求められることでもあります。

日本の多くの企業、とりわけ伝統的な大企業は、１９６０年代から１９９０年までの高度成長期に、売上や規模を拡大してきました。その際、売上高、利益率、費用対効果、効率性などを重要な指標として企業価値の向上を図ってきました。日本全体も、経済大国や先進国の地位を勝ち取ることを目標に掲げて努力してきました。この昭和の価値観や成功体験が今なお多くの企業に根づいているといわざるを得ません。しかし、それによって私達は本当に幸せになったのでしょうか。規模の拡大や経済的な豊かさだけが人々の目的ではないはずです。今こそ、古い価値観を捨て、新たな価値観を創り出す時といえます。

現在は、顧客価値の創出や増大に注目が高まっており、新たな顧客体験の提供や「モノ」から「コト」へのシフトが重要視されるようになってきています。そして今後は、顧客価値に加えて、社会的価値が重要視されるようになり、持続可能性（サステナビリティ）や共有価値の創造（Creating Shared Value）が重要な指標であり企業戦略の要点となっていきます。企業の存在目的は、「儲けるため」「競争に打ち勝つため」ということではなく、「社会的意義があるから」「未来の課題を解決するため」といった未来志向の課題を追い求めることになっていくでしょう。

日本は課題先進国といわれ、少子高齢化、労働力不足、都市の老朽化、自然災害、資源・エネルギー問題、食料自給率、過疎化・空き家問題など課題は多岐にわたり、世界に目を向けても地球温暖化、貧困、食糧難、紛争、格差や差別など課題を数え上げればきりがありません。このような現在および未来の社会課題を解決することがこれからの企業の目的となり、私達一人ひとりの意識や行動の源泉となっていくことでしょう。それが、コロナ禍による景気後退から立ち上がり、これまでと違う新しい社会や経済をゼロから創り上げていく原動力になると信じています。

本書を手に取っていただき、最後まで読んでくださった読者の皆さんに感謝するとともに、本書が皆さん一人ひとりにとって、自分の価値観を見つめ直し、新たな行動を起こすきっかけとなることを願っています。

2020年8月　内山悟志

【著者略歴】

内山悟志（うちやま・さとし）

株式会社アイ・ティ・アール会長／エグゼクティブ・アナリスト。大手外資系企業の情報システム部門などを経て、1989年からデータクエスト·ジャパン（現ガートナー ジャパン）でIT分野のシニア・アナリストとして国内外の主要IT企業の戦略策定に参画。1994年に情報技術研究所（現アイ・ティ・アール）を設立、代表取締役に就任し、プリンシパル・アナリストとして活動を続け、2019年2月より現職。企業のIT戦略およびデジタルトランスフォーメーションの推進のためのアドバイスやコンサルティングを提供している。10年以上主宰する企業内イノベーションリーダーの育成を目指した「内山塾」は600名以上を輩出。ZDNet Japanにて「デジタルジャーニーの歩き方」を連載中。主な著書に『これからのＤＸ〈デジタルトランスフォーメーション〉』（エムディエヌコーポレーション）などがある。

テクノロジーをもたない会《かい》社《しゃ》の攻《せ》めのＤＸ《ディーエックス》

2020年10月11日　初版発行

発行　**株式会社クロスメディア・パブリッシング**

発行者　小早川幸一郎

〒151-0051　東京都渋谷区千駄ヶ谷4-20-3 東栄神宮外苑ビル

http://www.cm-publishing.co.jp

■本の内容に関するお問い合わせ先 …………………… TEL (03)5413-3140／FAX (03)5413-3141

発売　**株式会社インプレス**

〒101-0051　東京都千代田区神田神保町一丁目105番地

■乱丁本·落丁本などのお問い合わせ先 ……………… TEL (03)6837-5016／FAX (03)6837-5023

service@impress.co.jp

（受付時間　10:00～12:00、13:00～17:00　土日·祝日を除く）

※古書店で購入されたものについてはお取り替えできません

■書店／販売店のご注文窓口

株式会社インプレス　受注センター …………………… TEL (048)449-8040／FAX (048)449-8041

株式会社インプレス　出版営業部 …………………………………… TEL (03)6837-4635

ブックデザイン　金澤浩二（cmD）

DTP　荒好見（cmD）

印刷・製本　中央精版印刷株式会社

カバーイラスト　Aleksandr Durnov

図版　長田周平（cmD）

ISBN 978-4-295-40456-9 C2034